企→业→日→常→管↓理←系←列←丛←书

采购管理

常见问题清单

刘中洋
编著

地震出版社
Seismological Press

图书在版编目（CIP）数据

采购管理常见问题清单 / 刘中洋编著 . -- 北京 : 地震出版社 , 2021.8
（企业日常管理系列丛书 / 陈明星主编）
ISBN 978-7-5028-5232-0

Ⅰ . ①采… Ⅱ . ①刘… Ⅲ . ①采购管理 Ⅳ . ① F253

中国版本图书馆 CIP 数据核字 (2021) 第 092352 号

地震版 XM4789/F（6082）

采购管理常见问题清单

刘中洋 编著

特约编辑：段会敏 杨 梦

责任编辑：凌 樱

责任校对：鄂真妮

出版发行：地 震 出 版 社
北京市海淀区民族大学南路 9 号　　邮编：100081
发行部：68423031　68467991　　传真：88421706
总编室：68462709　68423029
证券图书事业部：68426052
http：//seismologicalpress. com
E-mail：zqbj68426052@ 163. com
经销：全国各地新华书店
印刷：北京柯蓝博泰印务有限公司

版（印）次：2021 年 8 月第 1 版　2021 年 8 月第 1 次印刷
开本：710 × 960　1/16
字数：178 千字
印张：10
书号：ISBN 978-7-5028-5232-0
定价：39.80 元

前 言

PREFACE

常言道："不想当将军的士兵不是好士兵！"每个人都应该有自己的职业追求，将自己锻炼成为一名出色的职场精英。有了目标，工作起来才有劲头，才会让自己获得长足的发展。

工作就是在解决问题，解决问题的水平体现了一个人工作能力的高与低。如何在日常工作中，通过解决每个实际问题而不断提升自己的工作能力，是每个人晋升和自身发展亟待解决的问题！为此，我们特别编写了"企业日常管理系列丛书"。

该丛书包括：《财务工作常见问题清单》《采购管理常见问题清单》《仓储管理常见问题清单》《新产品运营管理常见问题清单》《供应链管理常见问题清单》《行政工作常见问题清单》《绩效管理常见问题清单》《客户服务常见问题清单》《企业资本运营常见问题清单》《人力资源工作常见问题清单》《商品配送管理常见问题清单》《生产管理常见问题清单》《物流服务常见问题清单》《销售团队管理常见问题清单》《促销管理常见问题清单》《项目运营常见问题清单》《国际贸易管理常见问题清单》《大客户销售常见问题清单》，共18本，对日常工作常见问题和容易忽略的细节问题进行了梳理，并在整体上架构了不同职位人士的日常工作模型，让每一项工作一目了然，细节无遗漏，工作不失误。读者可以根据自己所需即查即用，轻松解决工作中遇到的问题。

本丛书有如下特点。

第一，能帮助读者重新梳理自己的工作问题，让工作脉络更加清晰。

第二，能帮助读者加深对每项工作的理解，书中既有针对工作问题的规范性操作，也有经验性的总结，两者的完美结合会对工作问题的解决起到事半功倍的作用。

第三，每项工作都设有工作场景描述，读者可以根据工作需要，即查即用，不致在漫天的文字中间寻找答案，非常实用、方便。

第四，能帮助读者养成总结工作经验的习惯。

第五，引导读者形成“问题导向”的工作意识，从此进入自我提升的快车道。

本丛书认真选取了当下企业中的热点职位及重点部门，从日常工作的实际问题出发，针对每个工作问题进行了思路拓展性解读与分析，给出了经验性的总结阐述，可改善从业者的当前工作局面，为从业者搭建起提升工作能力的可靠阶梯，也为相关专业工作人员全面提升业务水平提供了可借鉴的方法。

采购部门在现代企业中是偏传统的部门，尽管运营模式一变再变，但是采购工作核心内容一直未变，即降低采购成本和优化工作流程等。可以说采购工作水平关系到企业的运营成本和产品品质竞争力。采购工作的每个环节都需要采购人员用心刻意练习，不断提升自身的工作能力。

本书倡导“采购工作清单式管理”，以“采购工作常见问题”为主题展开，全面梳理采购工作常见问题，嵌入“问题导向”的思维意识，重新定义每一项采购工作，并通过操作规范指导与工作经验提示相结合的阐述方式，悉数采购工作的关键点。

这是一本揭开采购工作“问题导向”思维方法的书。读者朋友可以对照采购工作常见问题，即查即用。

本丛书在编写过程中，得到了相关从业者及工作伙伴的大力支持和配合，在此一并表示感谢！

目 录

CONTENTS

第1章 采购计划制订常见问题

第 2 章 采购招投标常见问题

第 3 章 采购谈判与成本控制常见问题

第4章 采购审核常见问题

第5章 供应商管理常见问题

第1章

采购计划制订常见问题

好的开始是成功的一半，作为采购管理的第一步，好的采购计划可以起到指导采购部门的实际工作、保证产销活动正常进行和提高企业经济效益的作用。而一个经营良好的企业，不仅要赚取合理的利润，还要保证企业有良好的资金流，因此，制订合理、完善的采购计划和采购预算，对于整个采购运作的成功有非常重要的作用。

1.1 如何组建采购部门

工作场景描述

当为了成功地完成采购任务而组建采购部门时，可查看。

解读与分析

采购部门是企业为了进行采购活动，以保证生产顺利进行而建立的一个组织。随着企业与市场的联系愈益紧密，采购部门的工作状况直接影响整个企业的运作流程与竞争优势。那么，如何建立一个精干高效的采购部门呢？

采购部门的建立，也就是将采购部门应负责的各项工作整合起来，并以分工方式成立单独的部门加以执行。

1.明确采购部门的职责

采购部门的职责包括一切与采购工作直接或间接相关的活动，具体包括下列内容。

（1）物料来源的开发与价格调查。

（2）请购单内容的审查。

（3）交货的稽催与协调。

（4）物料的退货与索赔。

（5）采购计划与预算的编制。

（6）采购制度、流程、表单等的设计与改善。

（7）对供应商的选择、评价和管理。

（8）国外采购的处理。

明确了组织结构，然后根据组织结构选定采购组织的人员，确定人员数量，明确其职责，采购部门就构建完毕，可以运作了。

2.确定采购部门的组织结构

一般来讲，规模较大的采购部门主要设立采购科、稽催科、管理科、研究科四个科室。采购科下面又可设立采购一科、采购二科等分工更细的部门。

中小规模企业的采购组织，通常缺乏稽催、管理和研究的功能，或者因为这三种功能不明显就没有分设这些部门。这种主要执行购买功能的采购部门一般有以下四种组织结构。

（1）产品结构式：是指将企业所需采购的产品分为若干类，每一个或几个采购人员为一组，负责采购其中的一种或几种商品。运用这种结构形式可使采购人员对其经办的项目专且精，做到熟能生巧、触类旁通。这种形式适合所需采购的商品较多、专业性较强，商品间关联较少的企业。

（2）区域结构式：是指将企业采购的目标市场划分为若干个区域，每一个采购人员负责一个区域的全部采购业务。企业一般依照物品采购来源进行区域的划分。这种组织结构便于明确工作任务进行绩效考核，有利于调动采购人员的积极性及采购人员与供应商建立良好的人际关系，适合交易对象及工作环境差异大的企业。

（3）顾客结构式：是指将企业的采购目标市场按顾客的属性进行分类，每一个采购人员负责一类顾客。这种组织形式可使员工较为深入地了解顾客的需求情况及存在的问题，通常适用于同类顾客较为集中的企业。

（4）综合式：这种组织形式综合考虑了上述三种影响组织结构的因素的重要程度和关联状况。稍具规模的企业在采购量较大，而且作业过程复杂、交货期长等情况下可以选择此种结构形式。

在根据企业具体特点选定了部门结构形式后，就需要进行部门人员的选择了。

3.明确采购部门的人员构成

一般来讲，采购部门包括以下几个职位。

（1）采购经理：是采购部门的最高领导，主要向运营副总裁、主管副总经理或总经理负责，统管整个采购部门的运作。采购经理必须在最大限度地利用资产的同时，努力降低采购部门的成本，保证采购的物料满足企业的需要。

（2）采购科长：受采购经理的直接领导，主要负责安排本科室的具体工作，并制订本科室的中、短期计划，协调科室内部的工作，对内部人员实行控制和管理。

（3）助理：是采购科长的助手，辅助采购科长开展日常工作，协助采购科长根据具体需要制订中、长期计划，协助采购科长进行具体工作的安排、下属人员的监督和管理，并负责整理和管理与科室相关的档案资料。

（4）采购员：是采购科长直接领导下的日常工作的具体执行者，主要按照部门和各科室制订的计划开展工作。

4.确定采购部门人员的数量

确定采购人员职能后，需要确定采购部门人员的数量。采购部门在确定采购经理后，其余职位的人员数量应视具体情况而定。如果工作量大且难度较大，则人员的数量可相对多一些；如果工作量不大，任务较轻，人员的数量可相对少一些。通常情况下，采购部门的人员数量以能满足工作的需要为标准，太多容易增加成本，造成浪费；太少又易造成工作的延误，难以满足工作要求和完成工作任务。

关键点提示

企业组建采购部门时需考虑以下几点：

1.明确采购部门的职责；2.确定采购部门的组织结构；3.明确采购部门的人员构成；4.确定采购部门人员的数量。

1.2　如何针对不同物品的特性选择不同的采购策略

工作场景描述

当想针对不同物品的特性选择不同的采购策略时，可查看。

解读与分析

企业的采购策略有两种：集中采购和分散采购。两种策略有不同的特性和适用条件，企业需要根据不同物品和采购策略的特性，结合企业自身条件进行采购策略的选择。

1.明确两种策略的特性和适用条件

表1-1 集中采购策略与分散采购策略的比较

策略	集中采购策略	分散采购策略
优点	①可获得规模效益，降低采购和物流成本； ②可发挥集中采购的优势，提高效率； ③易于稳定与供应商的关系，实现成效最佳的长期合作； ④公开采购，集体决策，阳光操作，可有效防止腐败	①可有效地完善和补充集中采购的不足； ②可增强基层工作者的责任心，提高其积极性； ③占用库存空间小； ④占用资金少； ⑤手续简便、过程短； ⑥保管简单方便； ⑦问题反馈快速直接
缺点	①手续较多，过程较长； ②专业性强，责任重大	①权力分散，不利于采购成本的降低； ②决策层次低，易产生暗箱操作； ③对供应商的政策可能不一致； ④市场调研分散，难于培养采购专家
适用条件	①大宗和批量物品； ②价值较高的物品； ③关键的零部件； ④保密性强的物品； ⑤易出现问题的物品； ⑥定期采购的物品； ⑦连锁经营、特殊经营的物品	①小批量的物品； ②价值低的物品； ③市场资源有保证的物品； ④距离总部较远的物品； ⑤各基层部门有采购和检测能力的物品； ⑥异地供应的物品； ⑦研发实验物品

2.结合企业自身特点进行选择

（1）采购物品的共性要求。若各事业部或下属单位所需原材料或零部件共性很强，则采取集中采购策略更为有利。

（2）地理位置的分布。若各事业部或下属单位分布在不同的国家或地区，各地的商业贸易政策不同、文化习俗各异，宜采用地区性的分散采购策略。

（3）供应市场的结构。若供应商具有市场垄断地位，则应采取集中采购策略，统一谈判并争取与供应商发展成为伙伴关系。

（4）降低成本的潜力。有些原材料或零部件的采购价格与采购量有很大的关系，应集中起来统一订购，以降低采购成本。

（5）专业知识与技能的要求。有些产品的采购需要特定的专业知识与技能，应集中起来由专业采购人员统一采购。

（6）价格浮动的影响。有些原材料（如金属、油品、橡胶、大米等）对政治、经济、环保十分敏感，此时宜集中采购。

（7）客户需求。若客户对本企业所用的原材料或者零部件有指定性要求，为满足客户要求，显然应实行分散采购策略。

在具体采购过程中，企业应根据两种采购策略的特点，结合企业自身的特点进行选择，充分把握好集中与分散的最佳结合点，集、分有度，这对企业降低采购成本，建立通畅的采购渠道，提高采购工作效率有很大的作用。

关键点提示

企业选择采购策略时应：

1.明确集中采购策略与分散采购策略的特性和适用条件；2.结合企业自身特点进行选择。

1.3　如何明确采购部门人员职责

工作场景描述

当采购部门人员职责不明确时，可查看。

解读与分析

采购部门人员的职责不明确常常会造成部门管理混乱、资源浪费，因此，有必要对部门人员的职责进行明确界定。一般来讲，部门人员的职责与其在部门中所处的岗位必然相关，不同职位的人员具有不同的职责，具体如下。

1.采购经理

采购经理的具体职责如下。

（1）拟订采购部门的工作方针与目标。

（2）负责主要原料与物料的采购。

（3）编制年度采购计划与预算。

（4）签订审核订购单与合约。

（5）撰写部门周报与月报。

（6）负责采购人员的教育培训。

（7）建立与供应商良好的伙伴关系。

（8）主持或参与与采购相关的业务会议，并做好部门间的协调工作。

2.采购科长

采购科长是采购经理的直接下属，为采购人员安排具体工作。其主要职责如下。

（1）安排采购人员及助理的日常工作。

（2）负责次要原料或物料的采购。

（3）协助采购人员与供应商就价格、付款方式、交货日期等进行谈判。

（4）跟踪采购进度。

（5）督导保险、公证、索赔工作。

（6）审核一般物料采购案。

（7）市场调查。

（8）对供应商进行考核。

3.助理

助理是采购科长的助手，辅助采购科长开展日常工作。其主要职责如下。

（1）请购单、验收单的登记。

（2）做好交货记录及稽催。

（3）访客的安排与接待。

（4）采购费用的申请与报支。

（5）进出口文件报批及手续的申请。

（6）承办保险、公证事宜。

（7）电脑作业与档案管理。

4.采购员

采购员是具体采购工作的执行者。其主要职责如下。

（1）经办一般性物料的采购。

（2）查访厂商。

（3）与供应商就价格、付款方式、交货日期等进行谈判。

（4）确认交货日期。

（5）一般索赔案件的处理。

（6）退货处理。

（7）收集价格情报及替代品资料。

对以上采购部门中几个职位职责的明确划分，可以避免工作中相互推诿现象的发生，提高工作效率，避免资源的浪费。

关键点提示

采购部门中需要明确以下人员的职责：

1.采购经理：主要进行战略规划；2.采购科长：主要安排具体工作；3.助理：辅助采购科长开展日常工作；4.采购员：执行具体采购工作。

1.4　如何招聘采购人员

工作场景阐述

当需要招聘采购人员时，可查看。

解读与分析

在现代企业中，采购部门的作用越来越大，采购人员素质的高低直接影响企业的经济效益。因此，能否招聘到优秀的采购人员对企业的发展至关重要。具体招聘过程可分为以下几步。

1.进行岗位需求分析

采购部门应该根据本部门的情况和岗位要求，研究各个岗位所需采购人员的条件、数量等。

2.拟订招聘标准

根据采购部门的岗位要求，拟订所需采购人员的条件。

（1）才能方面。

①价值分析能力。采购人员必须具有成本效益观念，精打细算，随时将投入与产出加以比较，对报价单的内容应能逐项进行剖析、评判。

②预测能力。采购人员应能依据各种产销资料，研究、判断资源是否充裕；依据物品原材料价格的涨跌，推断采购成本受影响的程度；对物品将来的供应趋势做出预测。

③表达能力。采购人员须能正确、清晰地表达所欲采购物品的各种条件，如规格、数量、交货期等；具备“长话短说，言简意赅”的表达能力，以免浪费时间；具有“晓之以理，动之以情”的争取优惠采购条件的表达技巧。

④专业知识。采购人员须具有经办产品原料来源、组合过程、基本功能、品质、用途和成本等方面的专业知识，能主动开发新来源或替代品。

（2）品德方面。

①公正与诚实。采购人员必须以公平、公开、公正的方式来评价供应商，不可心存偏见，厚此薄彼；以实事求是的态度与供应商来往，不可有欺瞒行为，造成不道德的采购。

②临财不苟。采购人员对供应商的威逼或利诱必须保持平常心，不能为贪图一己私利损害企业利益。

③敬业精神。采购人员须抱有“舍我其谁”的态度，负责调度企业所需物料，绝不能使企业出现停工断料事件。

④虚心与耐心。采购人员对供应商必须礼貌，不可傲慢无理，与供应商谈判过程中需要有耐心。

3.选择招聘渠道

具体招聘渠道有以下几个。

（1）内部征召。

内部征召是指吸引现在正在企业任职的员工，填补采购部门的空缺职位。如果企业内部有合适人选，应首先选择内部征召。这样对其员工也是一种有效的激励，可以提高员工士气，降低风险。

（2）外部招聘。

外部招聘是指从组织外面选取合适的人才来填补采购部门的职位空缺。企业可以充分利用刊登广告、员工和顾客推荐、校园招聘、在线招聘、就业机构和专业猎头公司等多种招聘渠道来选择合适的员工。

4.选择招聘方法

现代企业甄选员工的方法非常多，如背景调查、情景模拟、心理和体格测验、笔试和面试等。以下是采购部门常用的几种基本方法。

（1）对求职申请者进行背景调查。根据求职者的求职申请表进行背景调查，以了解其教育经历、工作履历、个人品质和工作能力等方面的重要信息。这是企业进行初步筛选的第一步。

（2）情景模拟。情景模拟可为企业选取最佳人选，节省培训费用，也使被测者得到一次实际的锻炼。情景模拟的形式包括：公文处理、与人谈话、无领导小组讨论、角色扮演和即席发言等。

（3）面试。甄选进入最后一轮时一般都会有一次面试，面试官通常为部门主管。面试官可以通过交流和观察等了解应聘者的个性特点、态度、随机应变能力以及形象、气质等方面的特性，从而挑选到合适的人员。

一般说来，这些招聘方法是交叉混合使用的。背景调查和面试几乎是招聘时必用的方法。至于情景模拟、心理和体格测验及笔试等方法，要视企业具体情况而定。

关键点提示

采购部门招聘步骤如下：

1.进行岗位需求分析；2.拟订招聘标准；3.选择招聘渠道；4.选择招聘方法。

1.5 如何培训采购人员

工作场景阐述

当想提升采购人员的素质时，可查看。

解读与分析

培训是由某个机构或个人，根据某一部分人员在某一时刻的工作需要，通过书面、口头传达等沟通方式对员工进行教育和示范，以达到更新其知识、理念，提升其综合素质，影响和改变其行为方式，提高其工作能力，促进企业或团队更快速、更健康发展的行为。

培训是组织的义务，接受培训是员工的权利。所有的组织都需要对员工进行培训，采购组织也不例外。采购人员的培训包括岗前培训（主要包括企业文化、企业历史及同本职工作相关的工作训练与介绍）及在职培训。岗前培训一般由人力资源部统一安排，不需要采购部门单独进行。在职培训的安排主要有以下几个步骤。

1.进行员工培训需求分析

对员工培训进行需求分析，是企业有效实施培训的前提条件。不同层次的员工有不同的培训需求。企业员工培训需求分析应从三个方面进行：企业、工作和个人。三者中的任何一个在需求上出现问题的时候，就要提出培训需求。

企业的培训需求分析包括组织结构和组织行为等现状分析以及企业状况预测，工作任务的描述和需求分析。企业要通过此项分析来确定一项工作的最低要求，从而确定培训内容。

个人需求分析旨在找出员工现任职位的要求与实际工作能力间的差距，使有差距的员工得到培训，能力得以提高。

2.确定员工培训内容

（1）采购专业课程。

①供应商管理：包括供应商管理过程、供应商考察与审核、供应商认可、合同与

协议、供应商绩效考核与改进以及供应市场调研与分析等内容。通过学习，员工可了解供应商管理的基本概念、流程和工具，学会供应商审核、考评及绩效指标衡量的基本方法。

②原材料的采购：包括所需材料的市场状况与品牌，收集、分析市场信息，问价与谈判，供应风险分析等内容。通过培训，员工可了解原材料的基本分类、市场分布、谈判及采购技巧。

③采购与环境：包括环境管理体系、相关环保法规与标准、环保管理体系等内容。通过学习，员工可了解环保的基本要求、环境管理体系、环保管理体系等。

（2）与采购相关的个人素质和技巧。

①个人时间管理：包括制订计划、设定目标、通过时间管理与控制达成目标、如何处理中途打扰与意外、如何改善沟通效果等内容。通过学习，员工能更好地安排利用时间，了解提高个人工作效率的方法。

②个人领导学：包括目标的设立与执行、沟通改进、决策等内容。通过学习，员工可发掘、提升自己的领导天赋，成为称职的领导者。

③企划管理：包括生产活动控制与采购计划控制、物流管理、仓储管理等内容。通过学习，员工可了解物料计划、物流控制、仓储管理，掌握供应链与采购的关系。

3.选择员工培训方法

对员工进行培训，需要企业投入一定的资金、时间和精力，如果方法选择不当，就达不到预期的效果，所以必须根据实际情况选择见效快、易掌握的方法。

（1）讲授法：通过系统的语言表达向员工传授知识，这是应用最普遍的一种方法。此方法可同时对多人进行培训，但是所授内容具有强制性、统一性，缺乏实际操作机会，比较适合理论知识的培训，对于实践方面，还需结合其他方法进行培训。

（2）视听法：利用幻灯片、视频、录音等视听资料进行培训，相较于讲授法，给人的印象更深刻，更易于理解，但它也和讲授法一样，缺乏实际操作机会，比较适合理论知识的培训。

（3）案例研究法：让员工对企业过去实际发生的情况进行研究，做出判断或解决问题。它可以激发员工的思维，提高员工的分析、创造能力。选择适用的案例，会带来极好的培训效果。

（4）设立助理职位法：通过设立助理职位，让受训者与有经验的人一起工作，帮助受训者成长。

每个组织都需要对员工进行培训，一个好的培训体系可以提高员工的素质，提升企业的整体实力。

关键点提示

采购部门对人员的培训分为以下几步：

1.进行员工培训需求分析；2.确定员工培训内容；3.选择员工培训方法。

1.6 如何制订认证计划

工作场景描述

当准备为采购活动制订认证计划时，可查看。

解读与分析

制订采购计划是采购活动的第一步，企业应根据市场需求、生产能力和所需的采购量来制订。完整的采购计划包括认证计划和订单计划两部分。只有将这两部分做到综合平衡，才能保证物料采购成功。下面先说如何制订认证计划。

认证计划是通过对企业内部采购需求量进行分析后制订的，包括物料项目名称、需求数量、认证周期等内容。

1.分析认证需求

分析认证需求分为以下几步。

（1）分析开发批量需求。不仅要分析量上的需求，而且需要了解物料的技术特征等信息。开发批量需求可以分为多种类型，比如按需求环节的不同，可以分为研发物料开发认证需求和生产批量物料开发认证需求；按采购环境的不同，可以分为环境内物料需求和环境外物料需求；按供应情况的不同，可以分为可直接供应物料需求和需要定做物料需求等。

相关人员通过对开发批量需求进行详细的分析，可以判断目前的采购环境是否能满足企业的需求，如果不能满足，就需要另外寻找新的供应商或者与供应商一起研究开发新的物料。

（2）分析余量需求。市场销售需求的扩大和供应商供应能力的限制或萎缩都会使得目前采购环境的订单量无法满足企业的需求，企业通过分析现实采购环境中的总体订单量和同期供应商的最大供应量之间的差异，即可求得余量需求。

（3）确认认证需求，即企业通过一定的认证手段，获得具有一定订单容量的采购环境。企业可以通过对开发批量需求及余量需求的分析来确定认证需求。

2.计算认证容量

（1）计算总体认证容量。把采购环境中所有供应商的认证容量进行加总，即可得到采购环境中大概的总体认证容量。在采购环境中，供应商订单容量与认证容量是两个不同的概念。因此，在供应商认证合同中应说明认证容量与订单容量的比例，防止供应商只做批量订单，不愿做样品认证。

（2）计算承接认证量。将当前某一段时间内供应商正在履行认证的合同量进行汇总，即得到供应商的承接认证量。

（3）确定剩余认证容量。将某一物料所有供应商群体的剩余认证容量进行汇总，即得到该物料的剩余认证容量。

物料剩余认证容量 = 物料供应商群体总体认证容量−承接认证量

据此算出的认证容量仅是近似值，在实际应用中不可对其过分依赖。

3.制订认证计划

（1）对比需求与容量。认证需求与供应商的认证容量之间一般会存在差异。如果供应商认证容量大于认证需求，则企业无须进行综合平衡，可以直接按照认证需求来制订认证计划；如果供应商认证容量小于认证需求，则企业需要进行认证的综合平衡，借助于采购环境之外的认证计划确定剩余认证需求。

（2）综合平衡。综合考虑市场、生产、认证容量、物料生命周期等要素，从整体出发，判断所确定的认证需求是否能得到满足，并通过调节认证计划来尽可能使其得到满足。当通过调节，现有采购环境还是不能满足余量需求时，企业需要开发并选择新的供应商。

（3）制订认证计划。确定认证物料数量以及开始认证的时间是制订认证计划的核心。两者可利用以下公式计算获得：

认证物料数量 = 开发样件需求数量+检验测试需求数量+样品数量+动机数量

开始认证时间 = 要求认证结束时间−认证周期−缓冲时间

企业通过分析认证需求，计算认证容量，并对其进行综合对比、平衡，就可以制订出采购认证计划了。

关键点提示

企业制订认证计划的步骤主要有：

1.分析认证需求；2.计算认证容量；3.制订认证计划。

1.7 如何制订订单计划

工作场景描述

当要着手制订订单计划时，可查看。

解读与分析

企业制订订单计划时应当综合考虑各方面的因素，如市场要货计划、生产加工计划、实际采购能力等。通常订单计划的制订，需要通过以下几个步骤完成。

1.分析订单需求

市场需求和生产需求是分析订单需求的两个重要方面。生产需求的大小直接决定了订单需求的大小，同时，企业制订订单计划时需兼顾企业的市场战略及潜在的市场需求。

（1）分析市场需求，即对市场需求计划或市场销售计划进行分析，兼顾市场的潜在需求，包括分析市场要货计划的可信度，市场签订合同的数量、合同剩余量（包括延时交货的合同），研究其变化趋势，并参照相关的历史要货数据，最终得出市场需求结果。

（2）分析生产需求。由于企业的毛需求量和入库量随着时间的变化而变化，因此企业需对不同时期产生的不同生产需求进行分析，以此来确定生产需求。

（3）确定订单需求。确定订单需求是企业根据对市场需求和对生产需求的分析结果，通过一定的订单操作手段，在未来指定的时间内，企业将指定数量的合格物料采购入库。

2.计算订单容量

（1）计算总体订单容量。计算供应商的总体订单容量时需要考虑两个因素，即可供给的物料数量和到货时间。例如，甲供应商在2021年6月30日之前可供应10万个灯泡（Ⅰ型7万个，Ⅱ型3万个），乙供应商在2021年6月30日之前可供应8万个灯泡（Ⅰ型4万个，Ⅱ型4万个），那么2021年6月30日之前Ⅰ型和Ⅱ型灯泡的总体订单容量为18万个，Ⅱ型灯泡的总体订单容量为7万个。

（2）计算承接订单容量。承接订单容量是指物料供应商签下的在指定的时间内承接的订单量。其计算过程如下例所示：甲供应商在2021年6月30日之前可供应8万个灯泡（Ⅰ型3万个，Ⅱ型5万个），若已承接灯泡Ⅰ型3万个、Ⅱ型4万个，那么对于Ⅰ型和Ⅱ型两种灯泡，承接订单容量为7万个。

（3）确定剩余订单容量。对某物料所有供应商的剩余订单容量进行汇总，即可得到剩余订单容量，企业也可以通过计算总体订单量和承接订单容量之间的差额，来确定剩余订单容量。其计算公式为：

物料剩余订单容量=物料供应商群体总体订单容量–已承接订单容量

为了节省时间，保证物料及时供应，也可由具有丰富经验的认证计划人员按简化认证程序进行操作。

3.制订订单计划

（1）对比需求与容量。将企业物料需求与供应容量进行比较，如果物料需求小于供应容量，则需求无论多大都能被满足，企业根据物料需求来制订订单计划即可；如果物料需求大于供应容量，这时就需要进行物料平衡，企业要根据现有的供应容量制订合适的物料需求计划，并就不能被满足的剩余物料需求重新制订认证计划。

（2）综合平衡。综合考虑市场、生产、订单容量等要素的影响，分析物料订单需求能被满足的程度，并确认供应商能否按照规定的时间及数量交货。对于不能被满足的剩余订单需求，必要时可调整订单计划。

（3）制订订单计划。制订订单计划主要指确定下单数量和下单时间。

下单数量＝生产需求量–计划入库量–现有库存量+安全库存量

下单时间＝要求到货时间–认证周期–订单周期–缓冲时间

制订订单计划是开展采购工作的基础，是采购工作得以及时、有序进行的有力保证，企业应当充分重视。

关键点提示

企业制订订单计划的步骤：

1.分析订单需求；2.计算订单容量；3.制订订单计划。

1.8 如何保证采购计划的准确性

工作场景描述

当制订的采购计划出现偏差时，可查看。

解读与分析

在企业内部建立一个完善的信息收集系统很重要。

影响采购计划的因素很多，采购部门在拟订好采购计划以后，必须与生产部门经常保持联系，根据实际情况做出必要的调整与修订，以维持企业正常的产销活动，协助财务部门妥善规划资金来源。要想制订准确的采购计划，采购人员需要考虑以下几个因素。

1.年度销售计划

在一般的市场状况下，即在供求平衡和供过于求的市场状况下，企业的年度经营计划通常是以年度销售计划为起点的，年度销售计划的拟订受外部不可控因素和内部可控因素的影响。具体而言，外部不可控因素包括国内外的政治、经济、文化以及社会环境，人口增长、科技发展和竞争者状况等；内部可控因素包括企业的技术水平、厂房设备、原材料供应情况、人力资源和财务状况等。要想制订准确的采购计划，采购人员就必须依靠销售人员对影响销售因素的准确预测以及销售计划的准确制订。

2.年度生产计划

一般而言，生产计划是依据销售计划制订的，而原材料的采购数量又是依据生产计划确定的。如果销售计划制订得过于保守，采购数量少于生产供应所需数量，就会使企业丧失销售机会；反之，如果销售计划制订得过于乐观，采购数量超过生产供应所需而产生存货，就会使企业增加财务上的负担。要想制订准确的采购计划，采购人员必须依靠销售人员对市场需求量的科学估算，以及在此基础上制订的生产计划。

3.用料清单

从生产计划中，相关人员只能直接知道所生产的产品数量，而无法知道某一产品所用的物料数量，确定采购数量时，还要借助用料清单。在科技含量较高的企业中，产品的变更非常频繁，用料清单很难随之及时调整，使得以此计算出来的所需物料与实际使用的物料在数量或规格方面不相符合，造成采购数量过剩或不足，物料规格不符或无法及时获得。因此，要想制订准确的采购计划，采购人员必须依赖最新、最准确的用料清单。

4.存量管制卡

在编制采购预算时，因为企业很难对将来所拟订的采购物料的价格进行准确的预测，所以一般以标准成本替代。

存量管制卡可表明某一材料目前的库存状况，包括账目和物料数量是否一致，物料存量是否全部是符合要求的高品质产品。若账目上的数量与实际存量不符，或存量中某些物料的规格不符合要求，则会使存量中实际可取用物料的数量降低。所以，记载正确的存量管制卡是采购计划准确的重要保证。

5.物料标准成本

物料标准成本是指在正常和高效率的运转情况下制造产品的成本，不是企业实际发生的成本。

企业可以以过去的采购资料为依据，通过对原料、人工费用及制造费用等组合或生产总成本的精密计算，来设定物料标准成本。企业精确设定物料标准成本，可以减少与实际购入价格的差额，保证制订的采购计划更切合实际。

6.生产效率

生产效率的波动，会使预计的物料需求量与实际耗用量之间产生误差。如果企业的生产效率降低，就会提高物料的单位耗用量，使得计划采购的数量无法满足生产的需要。所以，当生产效率有降低趋势时，采购计划需将此额外的耗用率计算进去，以保证它的准确性。反之，当生产效率提高时，也需考虑它所降低的耗用率，以免产生浪费。因此，要想制订准确的采购计划，还须关注企业生产效率的变化。

企业通过全面考虑生产、销售计划，用料清单，存量管制卡，物料标准成本和生产效等因素，能够最大限度地减少失误，保证所制订的采购计划准确。

关键点提示

企业制订准确的采购计划时需要考虑以下因素：

1.年度销售计划；2.年度生产计划；3.用料清单；4.存量管制卡；5.物料标准成本；6.生产效率。

1.9 如何编制采购预算

工作场景描述

当要编制采购预算时，可查看。

解读与分析

预算是一种用数量来表示的计划，能将企业未来一段时期经营决策的目标通过有关数据系统地反映出来，可将经营决策具体化、数量化。

采购人员的职责是从优秀的供应商那里采购符合企业要求的高品质的产品和服务，并在适当的时间将其运送到适当的地点。采购预算作为一种控制工具，可以指导和约束采购人员的行为。采购预算的编制可以按照如下程序进行。

1.审查企业以及部门的战略目标

采购部门是企业的一个部门，编制采购预算的最终目的是保证企业目标的实现。在编制采购预算之前，采购预算编制人员首先要做的事情就是审查本部门和企业的目标是否一致，确保它们之间相互协调。

2.制订明确的工作计划

采购预算编制人员须了解本部门的业务活动，明确其特性和范围，从而制订出详细的工作计划表，确定采购部门实施这些活动所能带来的产出。

3.确定所需的资源

采购预算编制人员根据制订出的详细工作计划表，准确估计完成工作计划所消耗的支出，从而确定所需的人力、物力和财力资源。

4.提出准确的预算数字

采购预算编制人员借助数学工具和统计资料对目标和历史数据进行逐项分析预测，保证所提出的预算数字的准确性。有经验的预算人员也可以通过以往的经验做出准确判断。

5.汇总并编制总预算

对各部门的预算草案进行汇总、审核、归集、调整，最后形成总预算。

6.修改并提交预算

预算是关于预计收入和可能支出的动态模型，它反映的是未来的事情。外在环境总是处于不断变化之中，预算也总是或多或少地与实际有所差异，因此，采购预算编制人员就有必要选定一个偏差范围以利于预算的编制。偏差范围可以根据行业平均水平或企业的经验数据来确定。

采购预算编制人员将所编制的预算与最近相应的实际支出进行比较，如果支出与估计值的差异在容许的范围之内，则无需对其进行修订；如果支出与估计值的差异超出容许的范围，就需要对具体的预算做出修订，并将最终符合要求的预算提交企业负责人批准。

通过上述步骤，采购预算的编制即告完成。由于采购工作的特殊性，采购部门要不断参与制订和考虑组织的总预算和其他分预算，从而确保采购没有违反资金计划，没有超过企业可以批准的额度。

关键点提示

采购预算的编制过程如下：

1.审查企业以及部门的战略目标；2.制订明确的工作计划；3.确定所需的资源；4.提出准确的预算数字；5.汇总并编制总预算；6.修改并提交预算。

1.10 如何选择预算编制方法

工作场景描述

当要选择预算编制方法时，可查看。

解读与分析

预算的编制方法有很多，各种预算编制方法的特点和原理不同。企业在编制预算时，应根据外部环境及本企业的实际情况进行选择。常用的预算编制方法有如下几种。

1.弹性预算

弹性预算亦称为变动预算，它是一种根据计划期间可能发生的多种业务量分别确定与各种业务量水平相适应的费用预算数据的预算编制方法，比只以一种业务量水平为基础编制的预算（一般被称为固定预算或静态预算）具有更强的适应性和实用性。即使企业在计划期内的实际业务量发生了一定波动，其也能找出与实际业务量相适应的预算数，使预算与实际工作业绩可以进行比较，从而有利于对有关费用支出进行有效的控制。

弹性预算一般用于编制弹性成本预算和弹性利润预算。在进行弹性预算的编制时，首先，要确定在计划期内业务量的可能变化范围；其次，要根据成本性态，将计划期内的费用划分为变动费用部分和固定费用部分，在编制弹性预算时，只对变动费用部分按不同的业务量水平分别进行计算，而对固定费用部分不进行调整。该编制方法适用于处于初创期或成长期的企业。

2.概率预算

概率预算必须根据不同的情况进行编制。一种情况是销售量的变动与成本的变动没有直接联系，这时，只要利用各自的概率分别计算销售收入、变动成本、固定成本的期望值，即可直接计算利润的期望值；另一种情况是销售量的变动与成本的变动有直接联系，这时，需要用计算联合概率的方法计算利润的期望值。

对于市场情况较为复杂的企业来说，在编制预算过程中，涉及的变量较多，企业管理者不可能十分精确地预见如业务量、价格、成本等因素将来的变化，而只能大体估计出它们发生变化的可能性，并对各种变量进行调整，计算其可能值的大小。因此，市场环境复杂的企业最好选用概率预算。

3.零基预算

零基预算是指在编制预算时，对于所有的预算项目均以零为起点，不考虑以往的实际情况，完全根据未来一段时期内生产经营活动的需要和每项业务的轻重缓急，来确定每项预算是否有支出的必要和支出数额大小。

零基预算的编制分为三步：提出预算目标；开展成本-收益分析；分配资金，落实预算。这种预算编制方法以零为基础来观察和分析一切费用和开支项目，确定预算金额，不受现行预算框架的限制，能充分调动各级管理人员的积极性和创造性，促使各级管理人员精打细算、量力而行，把有限的资金切实用到最需要的地方。但使用该方法时，一切支出均以零为起点，分析、研究工作量太大。同时，企业若想把许许多多性质不同的业务按其重要性排列出来，也绝非易事，难免会带有主观随意性。因此，在实际预算编制工作中，企业可以隔若干年进行一次零基预算，以后几年内则略做调整，这样，既可以减轻预算编制的工作量，又能适当控制费用的发生。费用开支很大，预算水平不高的企业，可以考虑使用这种方法。目前我国大多数企业都属于这种情况。

4.滚动预算

滚动预算又称连续预算或永续预算，其主要特点是预算期随着时间的推移而自行延伸，但始终保持一定的期限（通常为1年）。当年度预算中某一季度（或月份）预算执行完毕后，企业就根据新的情况调整和修订后几个季度（或月份）的预算，如此往复，不断滚动，使年度预算一直含有四个季度（或12个月）的预算。

滚动预算可以使预算与实际过程更紧密地联系在一起，能够保证企业活动在预算上的连续性，但是需要预算人员投入大量精力，并要求其具有较高的水平。因此，对预算水平要求较高的企业可以选用此种方法。

了解上述各种预算编制方法的特点及适用条件，可以帮助企业选择适合自身条件的方法，简化其预算程序，并保证预算编制的准确性。

关键点提示

常用的预算编制方法有：

1.弹性预算；2.概率预算；3.零基预算；4.滚动预算。

1.11 如何准备认证

工作场景描述

当要进行认证准备时，可查看。

解读与分析

认证准备是整个采购认证工作的起点，是企业在与供应商接触之前必须做好的工作。认证准备工作主要包括熟悉需要认证的物料项目，测算价格，确定物料采购的质量标准，考察各物料项目的需求量，制订认证说明书五个步骤。下面将对这五个步骤分别加以介绍。

1.熟悉需要认证的物料项目

认证人员应先熟悉需要认证的物料项目，包括相关专业知识、认证难度、目前国内外的供应状况等。需要认证的物料项目所涉及的专业知识非常广泛，难度会随着所需认证项目的不同而有所差异，因此，认证人员在搞清楚认证项目之后，应尽快熟悉与该认证项目有关的专业知识，以便在开展认证工作时做到得心应手。

2.测算价格

认证人员应对物料项目的成本非常了解，可以通过市场调查、行业比较等方法得到，也可以通过对物料项目进行价格核算推测得出。

采购成本是企业经营中因采购物料而发生的费用，包括物料成本、采购管理成本和存储成本三部分。

采购成本的计算公式为：

采购成本=物料成本+采购管理成本+存储成本

物料成本=单价×数量+运输费+相关手续费+其他费用

采购管理成本=人工成本+办公费用+差旅费用+信息传递费用+其他费用

存储成本=贷款利息+仓储保管费用+存货损坏费用+其他费用

3.确定物料采购的质量标准

合格的物料质量是认证工作的基础。认证人员可以通过阅读物料项目资料弄清楚所需物料要达到的质量标准，从而确定物料采购的质量标准。

4.考察各物料项目的需求量

认证人员可以将计划部门所提供的各物料项目需求量的预测值，作为选择供应商的参考。

5.制订认证说明书

在做完上述工作后，认证人员就要制订认证说明书了。其内容主要包括：项目名称、价格预算、关键质量条款、需求预测、售后服务要求、项目难度等认证说明及相关图纸、技术规范、检验标准等。

通过充分的认证准备，企业对物料项目所需要的采购环境就非常熟悉了，也就能有效地初选供应商了。

关键点提示

企业进行认证准备时需要做到：

1.熟悉需要认证的物料项目；2.测算价格；3.确定物料采购的质量标准；4.考察各物料项目的需求量；5.制订认证说明书。

1.12　如何初选供应商

工作场景描述

当在采购认证中要对供应商进行初选时，可查看。

解读与分析

对于一家新企业来说，确定供应群体很难，最好的办法是招聘有丰富行业经验的认证人员。做好认证准备之后，企业就可以根据认证准备的初步结果，对供应商进行初选，确定所选供应商的大体范围了。企业做供应商的初选工作时可以参考以下做法。

1.确定供应商群体范围

一般来说，每一个成熟的企业都有自己固定的供应商群体。认证人员在确定其范围时，可以优先考虑其原有的供应商群体。但随着市场需求的增加，企业生产规模的扩大，原有的供应商群体可能无法满足要求，这时就需要企业去寻找符合本物料项目需求的其他供应商。

2.了解供应商

初选的供应商须在三家以上。

供应商的选择将直接影响采购物料的质量，从而影响企业产品的质量和声誉，因此企业应从多方面了解供应商的真实情况。了解供应商可以通过多种途径和方法，如研究供应商所提供的资料（如资质证明等），向有意向的供应商发放调查问卷，实地考察供应商等。

3.与供应商进行初步谈判

选择供应商的时候，企业有必要与供应商进行接触，安排一次初步谈判，就供求意向和其他相关情况进行沟通。这样既能互相了解，又能为下次谈判及今后的合作打下基础。

4.向供应商发放认证说明书

确定了参加物料项目竞选的供应商群体之后，企业要向其发放图纸、技术规范、检验指导书等认证说明材料，以便其准备相关资料。

5.分析供应报告，确定初选供应商

候选供应商接到认证说明书及相关资料后，根据自己的实际情况提供供应报告，报告需包括各物料的价格、可达到的质量、月/年供应量、售后服务情况等内容。认证人员对其提供的供应报告进行分析、整理，并交由认证小组集体决定，确定初选供应商的名单。

初选供应商实际上是根据本企业各物料项目的需求情况与特征考察相关供应商的过程。做好这个工作，有助于后续的采购保质保量地有序进行，从而使采购工作满足本企业的生产经营需要。

关键点提示

企业初选供应商时需要做到：

1.确定供应商群体范围；2.了解供应商；3.与供应商进行初步谈判；4.向供应商发放认证说明书；5.分析供应报告，确定初选供应商。

1.13　如何进行试制认证

工作场景描述

当要对初选供应商进行试制认证时，可查看。

解读与分析

经过认证准备和初选供应商之后，采购认证工作进入了关键的阶段，即试制认证阶段。这一阶段大致包括样件试制认证、中试认证和批量认证三个环节。

1.样件试制认证

样件试制认证的目的是验证系统设计方案的可行性，以达成企业与供应商之间具有现实可能性的供求方案。其主要包括以下几步。

（1）签订试制合同，提供试制资料。与初选供应商签订试制合同，并向其提供一些详尽的资料，使初选供应商在规定的时间内提供符合要求的试制样件，以验证系统设计方案的可行性。

随着环境的变化或知识的增加，企业与供应商之间可能会进行技术方案的调整。技术方案的调整可由采购方或供应商提出。若技术方案的调整由供应商提出，则认证人员不能因为技术方案进行调整而怀疑供应商的能力。

（2）协助供应商进行准备并调整样件。在供应商获得试制资料，开始着手准备样件的试制工作时，企业应提供相应的支持。不同的认证项目有不同的样件准备工作周期，通常那些要求较高或全新的产品，样件的准备时间较长，往往要几个月甚至一年；

而那些只要求稍做改动的产品，样件的准备时间则较短。一般说来，同样情况下，电子件、机械件的准备周期相对较短，组合设备的准备周期相对较长。因此，在准备过程中，特别是那些认证周期较长的项目，认证人员要进行监控、协调，帮助供应商进行技术方案的调整，使其所设计的方案更加完善。

（3）评估供应商提供的样件。供应商将准备好的样件送交认证部门，由认证人员组织协调相关部门一同制订认证项目的评估标准，对样件的性能、质量、外观等进行综合评估。

（4）确定样件供应商。根据评估结果，进行集体决策，确定入选的样件供应商并报上级主管部门批准。一般来说，为保证所采购产品的质量，一般要选择三家以上的样件供应商。

2.中试认证

样件试制认证后，就要进行采购的下一步认证，即中试认证了。中试认证包括以下主要内容。

项目中试资料是指经过样件试制认证阶段以后，修改了的试制项目技术资料，如经过修改后的机械图纸、电子器件参数、软件方案等。

（1）签订中试合同，提供中试资料。在样件试制认证结束后，企业要与所选定的样件供应商签订中试合同，并为其提供项目中试资料，使样件供应商在规定的时间内提供符合中试要求的小批量样件（以下简称“小批件”）。

（2）协助供应商进行准备并调整小批件。在供应商获得试制资料后开始进行中试准备工作的时候，企业可以向供应商提供相应的支持。同样，小批件的准备工作也需要一个周期。供应商经过样件试制后，在技术、生产工艺、设备以及原材料等方面都积累了一些经验，因此小批件的准备周期比样件的准备周期要短。在中试认证中，认证人员仍需要对过程进行跟踪、协调，并与供应商一起研究提高质量、降低成本的方法，使后期的批量生产尽可能地带来最大的收益。

（3）评估供应商提供的小批件。供应商将准备好的小批件送到生产或认证部门，由认证人员组织对小批件的质量、性能、技术手段及供应情况进行综合评估。

认证机构不是官方部门，应对产品的稳定性和可靠性负责。

（4）确定中试供应商。根据评估结果，企业确定物料项目的中试供应商。中试认证的要求比样件试制认证的要求要高，因此，能够通过中试认证的供应商很有可能成为最后的赢家。

3.批量认证

经过中试认证后，就进入认证的最后一步，即批量认证了。批量认证的目的是使系统设计方案具有大规模生产的可能性，同时寻求产品质量稳定和可靠的解决方案。批量认证主要包括以下几步。

（1）签订批量合同，提供批量资料。与选定的中试供应商签订批量合同，并提供项目批量资料，使中试供应商能够在规定的时间内提供符合批量认证要求的大批量样件（以下简称“批量件”）。

（2）协助供应商进行准备并调整批量件。供应商准备批量件需要一定的时间，需要配备相应的批量生产机械来进行批量件的生产。有些产品批量生产的技术要求很高，需要进行大量的技术攻关和实验才能成功，因此，也需要认证人员对过程进行跟踪，帮助供应商排除可能出现的异常情况，并根据实际情况对技术方案进行适当调整，以使系统更加稳定、可靠。

（3）评估供应商提供的批量件。供应商将准备好的批量件送到生产或认证部门，由认证人员组织对批量件的质量、成本、供应及售后服务、稳定性等方面进行综合评估，并制订出批量件的评估标准。

（4）确定批量供应商。根据评估结果，企业可最终确定本物料项目的合格供应商。

经过对供应商一步步的样件试制认证、中试认证和批量认证，企业考察了供应商批量供应的能力，从而最终圈了定符合企业项目需求的物料供应商。

关键点提示

采购试制认证包括三个阶段：

1.样件试制认证；2.中试认证；3.批量认证。

1.14 如何准备订单

工作场景描述

当要为与供应商签订合同做准备时，可查看。

解读与分析

订单合同是采购方与供应商之间达成的成文性协议，具有法律效力。采购人员在接到采购计划部门的订单计划之后，不要立即向供应商下达订单，而先要进行订单准备工作。

1.熟悉物料项目，确定价格

采购人员要熟悉订单计划中的物料项目，了解物料项目的技术资料，对物料进行估价，并在价格、质量等方面进行分析比较，确认采购价格，向供应商发出估价单。

2.确认项目质量需求标准

以前订单的质量标准可能与本次不符，因此，采购人员需认真研究订单计划，查看质量标准是否需要调整，如需调整，则应重新确定项目质量需求标准。

采购人员有权与供应商群体中价格最低的供应商签订订单合同，以维护采购方的利益。

3.确认项目的需求量

向供应商下达订单的时候，企业要确认供应商的供货能力能够满足项目的需求量，以保证供应商能够按时保质保量地提供物料。当项目的需求量超过了供应商的供货能力时，企业应考虑增加新的供应商，向各供应商合理分配订单量。

4.制订订单说明书

完整的订单说明书至少包括：项目名称、确认的价格、确认的质量标准、确认的需求量、供货时间与地点、相关的运输与包装要求，相关的图纸、技术规范和检验标准等内容。

企业制订订单说明书，是为了保证供应商有效供货，为最终确定供应商进行的必要准备。

关键点提示

订单的准备工作，需进行以下几步：

1.熟悉物料项目，确定价格；2.确认项目质量需求标准；3.确认项目的需求量；4.制订订单说明书。

第2章

采购招投标常见问题

招标采购作为采购的一种重要手段，将“公开、公平、公正”的市场机制引入企业的采购工作中，通过货比三家，争取实现采购商品质量和价格的最优化，同时防止不正当的交易给企业带来损失，从而大大降低了企业的采购成本，提高了企业的经济效益。因此，企业应大力推广招标采购方式。

2.1　如何选择招标采购方式

工作场景描述

当要选择招标采购方式时，可查看。

解读与分析

不同的招标采购方式具有不同的特点和运作模式，企业在具体操作过程中应根据自身特点进行选择。在实际运作过程中，一般有如下三种招标采购方式。

1.公开招标采购

公开招标采购是指采购方以招标公告的方式邀请不特定的供应商（投标人）来进行投标的一种招标采购方式。

对招标人而言，进行公开招标能有较大的选择范围，可在众多的投标人之间选择报价合理、交货期短、服务周到及信誉良好的供应商。采用该种招标方式，有利于开展竞争，打破垄断，促使供应商提高工作质量，降低供应成本。但是对于大型采购项目，审查投标人资格及投标文件的工作量较大，费用较高；另一方面，对投标人而言，从获得招标信息到着手准备竞标，需做大量的工作。参与的竞争者越多，中标的概率就越低，对投标费用的风险考虑就越多，标价就越高，从而加大了招标企业和投标企业的经济负担。

2.邀请招标采购

邀请招标采购是指采购方以投标邀请书的形式邀请五个以上特定的供应商参加投标的一种招标采购方式。邀请招标对招标人而言，减轻了对投标人的资格审查及投标文件评审的工作量，提高了工作效率；对投标人而言，提高了中标的概率，降低了投标的风险。因此，技术含量高，对技术支持及后续服务有特殊要求，且只有有限供应商能够满足供货条件的项目，多采用邀请招标采购方式。但是邀请招标限制了投标的范围，有可能会忽略一些具有优势的投标竞争者。

3.竞争性谈判采购

竞争性谈判采购，是指谈判小组从符合相应资格条件的供应商名单中，确定不少于三家供应商参加谈判的一种招标采购方式。

某些企业在对大型复杂或技术升级快的高新技术产品或特殊性质的工程进行招标采购时，可能难以拟订有关货物或工程的详细规格，也可能无法确定服务，在这种情况下，往往要求供应商在第一阶段提交不含价格的技术标，在第二阶段提交最终的技术标和带报价的投标书。这种招标方式又被称为两阶段招标采购方式。

当采购方公开招标后，如果出现没有供应商投标，没有合格标，或者不可预见的急需采购情况，可以采用竞争性谈判采购方式。此外，当投标文件的准备和制作需要较长时间才能完成或需要高额费用时，采购方也往往采用竞争性谈判采购方式。

采购方式选用得正确与否，直接影响到企业的采购质量和采购成本。根据采购项目的具体特点选取相应的采购方，会对企业降低成本、提高经济效益起到很大的作用。

关键点提示

常见的招标采购方式有：

1.公开招标采购；2.邀请招标采购；3.竞争性谈判采购。

2.2 如何成功开展招标采购

工作场景描述

当为了招标成功而做准备时，可查看。

解读与分析

实践证明，实施招标采购不但可以大大降低企业的采购成本，而且可以提高企业采购的商品质量。但是在实际工作中，招标采购是一项繁杂而又琐碎的工作，容易出现失误，使企业采购工作不能顺利进行，严重影响企业的生产和销售工作。

那么，要如何成功地开展招标采购呢？

开展招标采购时要进行以下三项工作。

1.进行资格预审

对供应商进行资格预审通常包括两部分内容，分别是对供应商的合法地位和信誉等进行审查的基本资格预审，以及对已具备基本资格的供应商履行拟订采购项目能力进行审查的专业资格预审。

其中，对供应商的专业资格预审主要包括：

（1）对经验、以往承担类似项目的业绩及信誉的审查；

（2）对履行合同人员情况的审查；

（3）对为履行合同任务而配备的机械、设备等硬件设施的审查；

（4）对企业售后维修服务网点分布、人员结构的审查；

（5）对企业财务状况的审查等。

采购单位在规定的时间内，按照资格预审文件中规定的标准和方法，对提交资格预审申请书的供应商进行上述审查，以确定参加投标的供应商名单。

2.编制招标文件

招标文件是供应商准备投标和参加投标的依据，也是采购单位评标的重要依据。招标文件的大部分内容都要列入合同之中，是双方签订采购合同的依据。因此，编制招标文件是十分重要的环节，它直接影响到采购的质量和进度。招标文件主要包括以下内容。

（1）投标人须知。它是具体的投标规则，也是投标人在投标中所应遵循的重要依据，主要内容包括：

①投标保证金的要求；

②评标的标准和程序；

③投标的程序、资金来源；

④货物原产地要求；

⑤招标文件和投标文件的澄清程序；

⑥投标文件的内容要求，投标语言要求；

⑦投标价格和货币规定，修改和撤销投标的规定；

⑧标书格式；

⑨投标有效期、截止日期；

⑩开标时间、地点等。

（2）合同条款包括一般合同条款和特殊合同条款。

一般合同条款包括：

①买卖双方的权利和义务；

②运输、保险、验收程序；

③价格调整程序；

④付款条件、程序以及支付货币的规定；

⑤履约保证金数量、货币及支付方式；

⑥不可抗力因素；

⑦延误赔偿和处罚程序；

⑧合同终止程序；

⑨解决争端的程序和方法；

⑩合同适用法律、税收的规定等。

特殊合同条款包括：

①一般合同条款的增减；

②保险的要求，交货条件；

③履约保证金的具体金额和提交方式，付款方式和货币要求；

④解决争端的具体规定；

⑤零配件和售后服务的具体要求等。

（3）技术规格。它规定了所购货物、设备的性能和标准，是招标文件和合同文件的重要组成部分。货物技术规格一般采用国际或国内公认的标准，除不能准确或清楚地说明拟招标项目的特点外，招标文件中在规定各项技术规格时，均不得要求或者标明某一特定的专利、商标、名称、设计、型号、原产地或生产厂家，不得有倾向偏袒或排斥某一有兴趣投标的法人或者其他组织的内容。

（4）投标书的编制要求。这是招标人对投标人投标内容的书面声明所做的一种规定，其内容主要包括：

①投标文件的构成；

②投标保证金的数量；

③总投标价；

④投标书的有效期等。

（5）供货一览表、工程量清单和报价表（表2–1）。

供货一览表应包括采购商品品名、数量、交货时间和地点等。

表2–1　报价表

类型	境内报价表	境外报价表
内容	商品品名	商品品名
	商品简介	商品简介
	原产地	原产地
	数量	数量
	出厂单价	离岸价单价及离港价
	出厂价境内增值部分所占的比例	到岸价单价及到港价
	总价	到岸价总价
	中标后应交纳的税费等	

3.发布招标通告

招标文件编制完成后，招标人要选择一定的媒体进行招标通告的发布。招标通告的内容因项目而异，一般包括：

（1）采购实体的名称和地址；

（2）资金来源；

（3）采购内容简介；

（4）获取招标文件的办法和地点；

（5）希望或要求供应货物的时间、工程竣工的时间或提供服务的时间表；

（6）采购实体对招标文件收取的费用及支付方式；

（7）提交投标书的截止日期；

（8）投标保证金的金额要求和支付方式；

（9）开标日期、时间等。

对于一家企业来说，如果全年的供需合同都已签满，则年内不宜招标，现有合同越少，招标效果越好，一般在现有合同期满前2至3个月实行招标较好。

经过以上三步，招标程序即告完成，接下来就等供应商进行投标了。

关键点提示

企业开展招标工作时需要：

1.进行资格预审；2.编制招标文件；3.发布招标通告。

2.3 如何进行招标公证

工作场景描述

当为保证招标工作的公平性，对其进行公证时，可查看。

解读与分析

招标公证的程序是指公证机关办理招标公证的工作步骤及必须遵守的操作规程。

根据我国公证机关办理各类公证事项的一般程序和内容以及招标投标活动的程序和特点，司法部对招标公证的程序做了特别规定，并专门制定了《招标投标公证程序细则》（以下简称《细则》）。

《细则》规定，招标公证程序主要分为申请与受理、审查、现场监督和出具公证书四个阶段，具体内容如下。

1.申请与受理

招标投标公证申请是指招标单位（招标方或受托招标方）向公证机关提出的办理公证的请求。它是招标公证的第一道工序，也是公证机关办理招标投标公证的前提。受理是指公证机关根据招标单位的申请，初步做出接受办理该项招标投标公证的决定。它是公证机关正式开始办理招标投标公证的标志。在申请与受理阶段，公证人员的主要任务是对招标单位的申请进行初步审查、判断，对符合条件的申请予以受理，对不符合条件的申请不予受理。

2.审查

招标投标公证的审查是指公证机关决定受理招标投标公证申请后，对该公证申请的有关事项、材料进行的审核、查证工作。它是招标投标公证的一个重要阶段，也是公证机关对该项招标投标活动进行现场监督的前提。在审查阶段，公证机关的主要任务是通过对申请人提交的全部材料的审核、查证以及必要的调查，确认招标方或受托招标方是否具备招标的条件，招标项目和招标活动是否已获得批准，招标文件及有关材料是否真实、合法、完善，招标、评标机构的组成是否符合规定的条件。

3.现场监督

经对申请人所提交的材料的审查，对符合办理公证条件的招标投标活动，公证处应委派两名以上公证人员（其中应至少有一名为公证员）参加整个招标投标活动，进行现场监督。在现场监督阶段，公证人员的主要任务是：监督招标投标各个环节的活动按照国家有关规定和招标文件要求的时间、地点、程序、原则和方法进行；对其中违反规定的行为予以纠正；查验有关人员的身份，审查投标方的投标资格；对招标投标过程中的主要环节和重要事项给予现场证明。根据招标投标活动各个阶段的特点和内容，公证员现场监督活动的侧重点不同。

4.出具公证书

出具公证书是整个招标投标公证的最后一项内容。虽然公证人员在现场监督活动中已发表了公证词，对整个招标投标活动的真实性、合法性和中标情况给予了证明，但根据我国公证机关工作方式的要求，对招标投标公证必须出具公证书，并以公证机关最后出具的公证书为准。

熟悉上述招标公证的全过程，可以使企业的招标工作按程序有条不紊地进行，既可以保证招标过程的公平性，也能够维护企业的利益。

关键点提示

招标公证程序为：

1.申请与受理；2.审查；3.现场监督；4.出具公证书。

2.4 如何进行投标

工作场景描述

当要了解投标程序时，可查看。

解读与分析

企业如何才能成功地开展投标工作呢？

1.及时准确地掌握招标信息

企业获取招标信息的方法很多，主要有以下几种方法。

（1）收集公开情报。通过本企业委托的调研机构和内部信息中心，收集各种公开出版的统计资料、研究报告、专业团体刊物及主要新闻报道等信息资料，从中分析并筛选出对企业有用的信息。

（2）利用社会服务机构。银行、保险、信托、商检、咨询等机构以及通讯、交通运输部门，同政府、企业和社会公众建立并保持广泛、密切的联系，对有关业主资信、投资发展方向、物资材料价格、贷款、货币、汇率变化等持续关注，只要花点代价，很可能得到自己急需的各种专业信息。

（3）充分利用现代通信设备。充分利用现代通信设备和“信息高速公路”，如国际国内互联网，就是获得项目信息的一种快捷、全面的手段和方式。

（4）发挥公共关系的作用。发挥公共关系的作用，从多方面获取情报。例如可以从使用单位、代理人、材料供应单位、能源供应单位、交通运输部门、竞争对手、业主或总包单位中获得信息。

《中华人民共和国招标投标法》规定，“自招标文件开始发出之日起至投标人提交投标文件截止之日止，最短不得少于二十日”。而二十多天的时间对于投标人来说，要通过对投标文件的全面准确的理解，对投标价格、技术和商务方面的完全响应，特别是对项目工程量大、设备技术要求高、准备过程比较复杂的采购项目而言，制作出竞争力很强的投标文件是一件相当紧张的。

2.对招标文件中所有实质性要求和条件做出响应

《中华人民共和国招标投标法》规定，“投标文件应当对招标文件提出的实质性要求和条件做出响应”。所谓“实质性”的要求和条件，是指招标文件中有关招标项目的价格、项目的技术规范、合同的主要条款等。这意味着投标人只要对招标文件中若干实质性要求和条件的某一条未做出响应，都必将导致被废标。

投标文件是指对投标人实力、信誉状况、投标报价、竞争力及投标人对招标文件响应程度进行描述的文件，也是评标委员会和招标人评价投标人的主要依据。

那么，要如何保证投标人对招标文件中所有实质性要求和条件都做出令人满意的响应呢?

首先投标人要认真研究招标文件，对招标文件提出的要求和条件，逐条进行分析和判断，找出所有实质性要求和条件，在投标文件中一一做出响应。如果把握不准实质与非实质性的界限，投标人可向招标人进行询问，且最好以书面方式进行。当本企业的产品与某些实质性要求和条件有一定差距时，需在投标文件的偏离表中做出详细说明。如果偏离过大，无法完全响应时，投标人应考虑放弃投标，避免不必要的损失。

3.编制投标文件

投标文件通常可分为如下几种。

（1）商务文件。这类文件旨在证明投标人履行了合法手续并使招标人了解投标人商业资信、合法性。一般包括投标保函、投标人的授权书及证明文件、联合体投标人提供的联合协议、投标人所代表的企业的资信证明等，如有分包商，还应包括分包商的资信文件，以供招标人审查。

（2）技术文件。如果是建设项目，则包括全部施工组织设计内容，用以评价投标人的技术实力和经验。技术复杂的项目对技术文件的编写内容及格式均有详细要求，投标人应当认真按照规定填写。

（3）价格文件。这是投标文件的核心内容，全部价格文件必须完全按照招标文件的规定格式编制，不允许有任何改动，如有漏填，则视为其已经包含在其他价格报价中。

4.科学合理地确定投标报价

在实际招标中，如果是招标人采购简单商品、半成品、设备、原材料，以及对技术性能、质量没有特殊要求的招标项目，价格可以作为评标时唯一考虑的因素。这时，在商务、技术均满足招标文件的要求时，评标价格最低的应当作为中标者。如果招标人采购较复杂的设备或有特殊要求的项目，这时价格就不是唯一考虑因素了。投标人应当弄清招标文件对投标价格的评定原则和方法，并据此确定投标价格。确定投标报价时，应特别注意以下几点。

（1）投标报价不能低于成本价。《中华人民共和国招标投标法》已将其定为违法行为，如有特殊情况，应加以说明。

（2）确定适当的利润率。利润率过高，投标报价缺乏竞争力；利润率太低，即便中标，也无经济效益。投标人应根据招标项目的情况、自身的经营状况等综合因素制订投标策略，确定合理的利润率。

（3）把握好确定投标报价的时机。有经验的投标人，都会在递交投标文件的前夕，根据竞争对手和投标现场的实际情况，确定最终投标报价或折扣率，现场填写有关商务方面的文件。

（4）巧妙地确定投标保证金的金额。通常，招标文件都规定投标保证金的金额为投标报价的2%。由于出具投标保证金需要一些程序，其金额较容易被竞争对手掌握，从而推算出投标报价。为了保密，可适当提高投标保证金金额，以迷惑竞争对手。

投标保证金是为了防止投标人在投标有效期内撤回其投标，或中标后不签订合同，或不交纳履约保证金，使采购企业蒙受损失。如果投标人存在以下行为之一的，应没收其投标保证金：投标人在投标有效期内撤回投标；投标人在收到中标通知书后，不按规定签订合同且不交纳履约保证金；投标人在投标有效期内有违规违纪行为等。

此外，在投标文件中，要尽量详细描述投标产品情况，特别是突出展示其优越的性能和鲜明的特点。同时还要将自身的业绩、在其他项目中标的情况、有关方面的评价、产品样本等有关材料充实到投标文件中，并分别配以详细介绍，以便引起评委们和招标人的重视，向他们充分展示企业的实力。

5.送达标书

投标人应将投标书按照招标文件的要求编制、密封，加盖法人骑缝章，并于规定的投标截止时间以前将之送至规定的地点。投递投标书的方式最好是直接送达或委托代理人送达，以便获得招标单位已收到投标书的回执。如果以邮寄方式送达，投标人必须留出邮寄时间，保证投标文件能够在截止日期之前送达招标人指定的地点。递标时必须附上工程项目报价总额1%～2%的投标保函，此保函需有当地银行背书，否则，招标单位有权拒绝此递标。

至此，投标工作完成。

关键点提示

开展投标工作时主要进行以下工作：

1.及时准确地掌握招标信息；2.对招标文件中所有实质性要求和条件做出响应；3.编制投标文件；4.科学合理地确定投标报价；5.送达标书。

2.5　如何进行评标

工作场景描述

当准备选择供应商并对其投标书进行评价时，可查看。

解读与分析

评标是指招标方根据招标文件中确定的标准和方法，对每个供应商的投标文件进行评价和比较，以评出最佳供应商的过程。

招标方在招标工作完成后，就要对投标文件进行评审，以确定最后中标的供应商，主要有以下几个步骤。

1.初步评标

初步评标工作比较简单，却是非常重要的一步，具体有如下工作。

（1）审查投标文件是否完整，是否按规定提交了投标保证金，文件签署是否合格，投标书是否大体编排有序且基本符合招标文件要求。

（2）审查投标文件是否实质性响应了招标文件的要求。实质性响应的投标文件应该与招标文件的全部条款、条件和规格相符，没有重大偏离或保留。如果投标文件没有实质性响应招标文件的要求，评委会将予以拒绝。投标人不得通过对招标文件进行修改或撤销不合要求的部分而使其投标具有响应性。

（3）看投标文件中是否有计算上或累加上的算术错误。修正错误的原则如下：当单价和数量的乘积与总价不一致时，一般以单价为准修改总价；只有评委会认为单价有明显的小数点错误时，才能以标出的总价为准，修改单价。

（4）评委会可以修改投标文件中不构成重大偏离的、微小的、非正规、不一致或不规则的地方，但这些修改不能影响任何投标人的名次排列。

2.详细评标

当价格缺乏竞争力时，该投标人的标书将被拒绝，作废标处理。

在完成初步评标以后，就进入下一步的详细评定阶段。只有在初步评标中合格的投标，才有资格进入下一阶段。一般情况下，详细评标分商务评审和技术评审两个方面，当然，也不排除评审资质信誉及售后服务等方面。

（1）商务评审主要考察的内容如下：

①投标报价的可靠性；

②报价结构或分项报价的合理性；

③经营成果、财务状况及银行资信；

④优惠条件，如商业折扣等。

（2）技术评审主要考察投标人的技术实力，方案的科学性、可靠性及项目的实施能力等方面的内容，主要内容如下：

①对招标文件中质量、技术说明或要求（包括图纸）的理解深度及响应程度；

②进度计划或交货期限的有效性、科学性及严谨性；

③项目实施能力、经验及质量控制与保障措施的合理性与可行性（包括分包单位），技术方面建议的可行性和有效（效益）性等。

3.编写并上报评标报告

按照《中华人民共和国招标投标法》第四十条的规定，评标委员会完成评标后，应当向招标人提交书面评标报告，并推荐合格的中标候选人。招标人可以根据评标委员会的推荐直接确定中标人，也可以授权评标委员会直接确定中标人。

评标报告是评标委员会评标结束后提交给招标人的一份重要文件。在评标报告中，评标委员会不仅要推荐中标候选人，而且要说明推荐的具体理由。评标报告作为招标人定标的重要依据，一般应包括以下内容。

（1）对投标人技术方案的评价，技术、经济风险的分析。

（2）对投标人技术力量、设施条件的评价。

（3）对满足评标标准的投标人的投标进行排序；进行资格预审的，一般不再进行资格后审，但招标文件另有规定的除外。

（4）需要进一步协商的问题及协商应达到的要求。

4.资格后审

投标前没有对投标人进行资格预审时，对其资格的审查可放在开标后进行。在这种情况下，招标人应当在招标文件中注明对投标人的资格要求及评标标准和方法等。招标人不得改变注明的资格条件或者以没有注明的资格条件对潜在投标人或者投标人进行资格审查。经资格后审不合格的投标人的投标应作废标处理。

资格审查时应主要审查潜在投标人或者投标人是否符合下列条件：

（1）具有独立订立合同的权力；

（2）具有履行合同的能力，包括专业、技术资格，资金、设备和其他物质设施，管理能力，经验、信誉和相应的从业人员；

（3）没有处于被责令停业，投标资格被取消，财产被接管、冻结，破产状态；

（4）在最近3年内没有出现骗取中标、严重违约及重大工程质量问题；

（5）法律、行政法规规定的其他资格条件。

5.授标与合同签订

（1）授标。评标结束后，招标方开始授标。评标委员会选定授标公司后，发给该公司临时授标通知书，书面通知其将招标项目临时授给中标企业。得到临时授标通知书的投标人不一定就是合同的最终签约人。一般来说，只要该投标人在授标后不出现重大经营问题，就能得到授标的项目。

（2）签订合同。授标确认后，投标方的投标书中标，进入签订合同阶段。双方沟通合同事宜，就合同的有关内容进行协商。双方就合同条款达成一致意见后，招标方将合同送交有关部门进行审批，通过后双方即可签署合同。

具体的合同签订方法有两种，一是在发中标通知书的同时，将合同文书寄给中标单位，让其在规定的时间内签字寄回；二是中标单位收到中标通知书后，在规定的时间内，派人前来签订合同。如果采用第二种方法，则在合同签订前，允许双方相互澄清一些实质性的技术性或商务性问题，但不得要求投标人承担文件中没有规定的义务，招标方也不能有标后压价的行为。

合同签字且中标供应商按要求提交履约保证金后，合同正式生效，采购工作也就进入了合同实施阶段。

关键点提示

评标工作主要包括以下步骤：

1.初步评标；2.详细评标；3.编写并上报评标报告；4.资格后审；5.授标与合同签订。

2.6 如何进行合同签订工作

工作场景描述

当准备与供应商签订采购合同时，可查看。

解读与分析

企业选定供应商之后，接下来要同供应商签订采购合同。采购合同会随对采购物料的要求、物料供应情况、企业本身的管理要求、采购方针等的不同而不同。签订采购合同一般需要经过以下环节。

1.制订合同

一般情况下，企业都有供应商认可的标准的合同格式，供需双方只需在标准合同中填写物料名称代码、单位、数量、单价、总价、货期等参数及一些特殊说明后，即可完成制订合同的操作。拥有采购信息管理系统的企业，也可以直接在信息系统中生成订单合同。在合同中不仅要对供货方式和时间进行约定，包括包装、运输、交货方式等，对违约责任的承担也要进行约定。

2.审批合同

合同审批一般由专人负责，主要审查合同与采购环境、物料描述是否相符，合同与订单计划是否相符，确保采购人员依照订单计划在采购环境中进行操作，所选供应商均为采购环境之内的合格供应商，价格在允许范围之内，以及到货期符合订单计划的到货要求。

3.签订并执行合同

将经过审批的合同传至供应商处进行盖章、签字确认，供应商确认后，即转入合同的执行阶段。

一般来说，对于加工型供应商，要经过备料、加工、组装、调试等过程；对于存货型供应商，只需从库房中调集相关产品做适当处理，即可送往采购方。

合同一经正式签订，就成了约束双方的法律文件，双方须各自履行权利与义务，相应地，采购活动也进入订单实施阶段。

关键点提示

企业与供应商进行合同签订工作包括如下环节：

1.制订合同。2.审批合同。3.签订并执行合同。

2.7　如何进行订单跟踪工作

工作场景描述

当对所签订采购合同进行跟踪调查时，可查看。

解读与分析

在供应商执行订单的过程中，为确保采购的质量，采购人员应对工艺文件、原材料、加工过程、组装总测、包装入库等进行跟踪。

1.跟踪工艺文件

制订工艺文件是进行加工生产的第一步，采购任何需要供应商加工的物料时，企业都应对其工艺文件进行跟踪，确保供应商的工艺文件没有出现质量标准、交货期等问题。如果发现上述问题，采购人员应及时提醒供应商进行修改，并提醒其如果不能保质、保量、准时供货，则须按照合同条款进行赔偿。

2.跟踪原材料

查看原材料是否按合同的要求保质、保量地备齐，是否按合同规定的时间备齐。

3.跟踪加工过程

不同物料的加工过程不同，为了确保物料的交货期、质量，采购人员需对加工过程进行监控。有些物料的加工过程需要采购人员直接参与。

4.跟踪组装总测

对组装过程进行跟踪、检测，是产品生产的重要环节。完成这一环节后，采购人员会对交货期有一个结论性答案。

5.跟踪包装入库

在订单跟踪过程中，采购人员要注意供应商的产品质量、交货期的变化情况。采购人员需要对认证合同的条款进行修改时，要及时提醒认证人员，以利于订单操作。

跟踪包装入库是跟踪工作的最后一环。采购人员可以通过打电话的形式向供应商了解物料最终完成包装入库的信息。对于重要的物料，采购人员可采取现场查看的方法进行跟踪。

对订单进行跟踪主要是为了弄清楚订单所处的状态，以确定物料是否能够顺利地得到供应，同时也便于供需双方在订单执行过程中出现异常时做出相应的调整，以保证本企业相应的生产经营活动能够顺利进行。

关键点提示

订单跟踪需要开展以下工作：

1.跟踪工艺文件；2.跟踪原材料；3.跟踪加工过程；4.跟踪组装总测；5.跟踪包装入库。

2.8 如何进行物料检验与接收

工作场景描述

当要对供应商提供的物料进行检验和接收时，可查看。

解读与分析

当供应商交货时，采购方需要进行物料检验和接收工作。这项工作主要包括如下环节。

1.物料检验

（1）查看相关约定。对物料检验程序及质量标准的约定一般已在采购合同中明确体现，检验日期及地点等细节问题也应在采购合同中事先约定，采购方需对照此前的约定进行检验。

（2）进行物料检验。检验信息传送至检验部门之后，由主管人员进行统一安排，并由专门的人员负责检验。物料质检要给出明确的结果，检验人员要认真、仔细地完成质检单的填写工作并交专人处理和存档。

（3）处理检验问题。针对不同的检验结果，采购方根据质检的相应规定采取不同的处理措施：对于有严重缺陷的物料，应要求供应商换货；对于有轻微缺陷的物料，应与认证人员、质量管理人员、设计工艺人员协商，同时考虑生产的紧急情况，确定是否可以代用；对于DPPM（defect parts per million，每百万个产品中的不良数）数据经常超出允许范围或出现重大质量问题的物料，则需召开专题会议进行讨论，找出问题的根源并提出解决办法。

2.物料接收

（1）与供应商协调送货事宜。采购方与供应商协商确定送货时间，防止出现供应商在未经许可的情况下送货，造成接货过程混乱，或采购方在没有和供应商协调的情况下通知供应商立即送货，导致物料不能如期到达等情况。

（2）与存储部门协调送货事宜。采购方要与存储部门协调送货时间，防止出现由于存储部门业务繁忙而使送货人员及车辆等待较长的时间，或者由于没有库房而使货物被拒收、拉回等情况。

（3）通知供应商送货。采购方与供应商和存储部门沟通联系好后，就可通知供应商送货了。

（4）库房接收与物料入库。采购方在安排物料入库时，首先检验到货清单是否完整，包装与外观是否完好，然后清点物料，接收物料，搬运入库并填写物料入库单据。至此，库房接收过程完毕。

（5）处理接收问题。对于货物接收过程中发生的货物数量、交货日期与要求不符，包装质量不合格等问题，采购人员应与存储人员一同协调处理。

经过上述物料检验和接收工作，符合项目要求的物料得以顺利入库，以保证企业生产的正常运行。

关键点提示

1.采购方进行物料检验时需经过如下环节：

（1）查看相关约定；（2）进行物料检验；（3）处理检验问题。

2.采购方进行物料接收时需经过以下环节：

（1）与供应商协调送货事宜；（2）与存储部门协调送货事宜；（3）通知供应商送货；（4）库房接收与物料入库；（5）处理接收问题。

第3章

采购谈判与成本控制常见问题

采购谈判是采购工作的重要环节，是采购人员的一门必修课，也是对采购人员的一项基本能力要求。谈判不仅是解决问题的过程，也是人与人沟通的过程。一次成功的采购谈判离不开精心准备，只有谈判成功才能赢得双赢合作。

同时，采购人员应重视对采购成本的控制。掌握科学的控制成本的方法，能为企业节省大量资金，从而达到提高企业利润的目的。

3.1　如何进行谈判准备

工作场景描述

当想要了解如何进行谈判准备时，可查看。

解读与分析

进行一项采购合同的谈判前，谈判者应为谈判做好准备。谈判能否获得满意的成果，往往取决于准备阶段的筹措谋划工作是否充分。谈判准备阶段需要做的工作很多，归纳起来大致包括如下几个方面。

1.进行可行性分析

可行性分析又称可行性研究，是指在进行一项工作之前，相关人员对可能产生影响的主客观因素进行调查研究，预测此工作的成败得失，以确定是否可行。

采购谈判准备阶段的可行性研究主要包括以下几个方面的内容。

（1）信息资料的研究。这些信息主要包括：政治法律环境、经济环境、自然环境、文化环境方面的信息和谈判对手的信息等。

（2）方案的比较与选择。谈判者需对制订的各种解决问题的方案进行比较、选择，看哪一种方案能获取最大利益，并能让对方接受，同时分析、预测对方可能提出的方案和这些方案对己方利益的影响以及应对的方法和手段。

（3）谈判的价值分析。谈判准备阶段要研究的核心问题是双方谈判的价值所在以及起点、争执点，进而分析双方间是否存在谈判的协议区，若存在，幅度有多大，由此决定谈不谈和如何谈。谈判者如果不想盲目地进行谈判，就应重视对谈判价值分析。

（4）情况预测。影响谈判效果的主客观因素很多，谈判者需根据已知情况预测未来的情况，对各种可能情况做出假设，进行科学的推理，并对这些情况进行分析研究，从而为比较和选择方案、考虑应对方法提供依据。

（5）综合分析，得出结论。在信息资料的研究、方案的比较与选择、谈判的价值分析及情况预测的基础上，谈判者进行总体研究、调整并得出结论，即在各种准备工作及总体研究完成的基础上，分析谈判是否可行，并确定谈判方案。

2.了解谈判对象

成功的谈判，不仅体现在能够充分地认识自己，还体现在能够准确地预测对方。谈判者要对对方企业有一个总体的认识，主要包括如下内容。

（1）对对方企业总体能力的认识，主要表现在对对方适应能力、投资能力、自我控制能力、销售及管理能力等的认识。

（2）对对方企业经济活动的认识，主要包括：对方企业的概况，对方企业生产、出售的产品，对方企业的工业设施，对方企业的贸易活动、商情统计和对方企业的经营管理水平。

（3）对对方企业财务状况的认识。了解对方企业财务状况的基础是财务报表，谈判者借助其财务报表，可得到反映对方财务状况的各种数据，通过对这些数据进行加工整理、分析、比较，结合企业的实际情况，可对其财务状况做出评价。

3.确定谈判目标

在谈判准备阶段，谈判者首先要考虑的问题是进行谈判的原因和谈判所要实现的目标。确定谈判的目标时，不应仅停留在原则性的讨论上，还应当拟订具体、明确的目标。谈判者可以从各个方面，用数学语言、统计方法等使对方对所确认的目标有一个明确的认识。一般说来，谈判前预期目标定得愈高，实现率就愈小；预期目标定得愈低，实现率就愈大。

谈判的目标应该是双方达成协议，即使其中一方不得不做出重大牺牲，整个格局也应该是双方各有“所得”。

4.编制谈判工作计划

在可行性研究的基础上，谈判者需对已经形成的谈判方案的有关内容，进行工作上的规划和安排，就执行谈判方案的要求、方法和步骤进行计划编制，确保谈判方案得到正确贯彻与实施。

一个详细、周密的谈判工作计划，至少应包括以下内容。

（1）谈判的总体思想、原则和战略。

（2）谈判各阶段的目标、准备和策略。

（3）谈判准备工作的安排，如人员调整、临时训练、礼仪、接待等。

（4）提出条件和讨价还价的方法。

（5）谈判的让步方法、措施与步骤。

（6）对各种突发情况的预测与对策。

（7）对谈判结局的分析与评估。

（8）地点、时间和人员的安排。

（9）后方工作的安排，诸如资料的整理、打印，计算，翻译等有关工作。

5.拟订谈判议程

谈判议程是指对有关谈判事项的程序性安排，这涉及对有关谈判的议题和工作计划进行预先确定编制。谈判者在谈判准备阶段，可以根据情况，争取主动、率先提出谈判议程，努力得到对方的认可。谈判前，己方拟订谈判议程可在谈判心理上占有优势，便于提前安排工作。

通过以上各阶段的充分准备，谈判者可以为谈判的正式开始奠定一个好的基础。

关键点提示

准备谈判的步骤：

1.进行可行性分析；2.了解谈判对象；3.确定谈判目标；4.编制谈判工作计划；5.拟订谈判议程。

3.2　如何做好谈判开局阶段工作

工作场景描述

当想要了解如何做好谈判开局阶段工作时，可查看。

解读与分析

谈判开局如果处理不好，会使谈判陷于僵局而达不到预期的目标。

在谈判准备阶段之后，采购谈判双方进入面对面谈判的初始阶段，即谈判的开局阶段。在这一阶段，谈判双方对谈判尚无实质性的感性认识，各项工作千头万绪，免不了会遇到新情况，碰到新问题。所以，在这个阶段双方一般不进行实质性谈判，而只是见面、介绍、寒暄，谈判一些非关键问题。这一阶段虽然只占整个谈判程序很小的一部分，但是很重要。在谈判开局阶段，己方需要做好以下几项工作。

1.创造和谐的谈判气氛

谈判者要想获得谈判的成功，必须创造出有利于谈判的和谐气氛。任何谈判都是在一定的气氛下进行的，谈判气氛的形成与变化，直接关系到谈判的成败得失，影响到整个谈判的前途，因此，谈判者应重视谈判的开局阶段，努力创造良好的谈判气氛。

（1）己方要在谈判气氛形成过程中起主导作用。影响谈判气氛的关键因素是谈判者的主观态度，己方应积极主动地与对方沟通。

（2）心平气和，坦诚相见。

（3）不要在一开始就涉及有分歧的议题。

（4）不要刚一见面就提出要求。

2.正确处理开局阶段的破冰期

正确把握开局阶段破冰期的时间和火候，有利于谈判向实质问题谈判方向自然过渡，为进行正式磋商创造良好的开端。

在破冰期，应注意如下几个问题。

（1）行为、举止和言语不要太生硬，要使感情自然流露。

（2）不要紧张。

（3）说话不要唠叨。

（4）不要急于进入正题。

（5）不要与对方较劲。

（6）不要举止轻狂。

3.探测对方情况，了解对方虚实

在谈判的开局阶段，谈判者不仅要为转入正题创造气氛，做好准备，还要利用这一段时间探测对方情况，以了解对方的虚实。己方要借助感觉器官来接收对方通过行为、语言传递的信息，并对其进行综合分析，以判断对方的实力、风格、态度、经验、策略及各自所处的地位等，为及时调整谈判方案与策略提供依据。

在这一阶段，谈判者应注意以下问题。

（1）最好让对方先谈看法。

（2）当对方在谈判开局发言时，应对对方进行仔细观察。

（3）要对具体的问题进行具体的探测。

（4）要防止过于保守或过于激进的倾向。

经过以上步骤，采购谈判的开局阶段完毕，双方可进行正式磋商了。

关键点提示

谈判开局阶段谈判者需要：

1.创造和谐的谈判气氛；2.正确处理开局阶段的“破冰”期；3.探测对方情况了解对方虚实。

3.3　如何进行磋商阶段的谈判

工作场景描述

当想取得磋商谈判的成功时，可查看。

解读与分析

随着开局阶段任务的完成和议题的深入，采购谈判进入到谈判的核心阶段，即磋商阶段。磋商阶段不仅是谈判主体间实力、智力和技术的具体较量阶段，也是谈判主体间求同存异、谅解让步、达成合作的阶段。

在这一阶段，己方应把握好以下几方面的内容。

1.合理地报价、还价

报价又称提出条件，是指谈判磋商阶段开始时，提出讨论的基本条件。但这一阶段并不只含己方的报价，同时也包含对方的还价。因此，报价、还价运用得是否科学、合理，关系到整个谈判过程的利益得失。报价、还价过程中双方需要解决以下问题。

（1）谁先报价。这要根据谈判的具体性质来决定。一般在己方比较了解对方的需要或背景的情况下，率先报价比较有利；反之，最好请对方先报价，为己方出价提供参考。

（2）如何还价。首先，在还价之前，己方必须充分了解对方报价的全部内容，准确了解对方提出条件的真实意图，探询其报价根据和弹性幅度，倾听对方的解释和说明；其次，应掌握对方谈判的伸缩幅度和协议范围。当对方的报价超出谈判协议区的范围，与己方要提出的还价条件相差甚大时，应首先拒绝对方的报价，必要时可以中断谈判，给对方一个出价，让对方在重新谈判时另行报价。此外，还可以用以己方报价取代对方不切实际的报价；对对方的报价附加条件进行限制；建议对方放弃此报价，另行报价等方法进行还价。

特别值得注意的是报价应遵循的原则：

第一，卖方的开盘价必须是“最高的”，而买方的开盘价必须是“最低的”；

第二，开盘价必须合乎情理；

第三，报价应该坚定、明确、完整，不加解释和说明。

2.对谈判进行正确的评估和调整

这是指在谈判磋商阶段，针对谈判计划、谈判方案、谈判人事安排以及谈判的其他方面，谈判者根据谈判的发展变化，进行分析和调整。要想做好评估和调整工作，己方可以从下面几个方面入手。

（1）研究对方的报价资料，判断其真假虚实，对己方的报价进行重新调整。

（2）整理谈判资料档案，把谈判中新获取的资料信息随时收入档案，并撤出那些已被证明是虚假的、无用的信息资料。

（3）结合新情况、新问题，修改或制订新计划、新方案，并进行论证，反复调整。

（4）根据报价过程中出现的情况，重新评价双方是否存在谈判的协议区。若存在，确定协议区的幅度，以决定谈判是否应继续下去。如果继续下去，应如何调整谈判的起点、界点和争取点等。

（5）认真总结前面的经验教训，堵塞工作漏洞，调整工作方法，确保谈判向更有利于己方的方向发展。

（6）根据需要，调整谈判人员，既要保证谈判团队的相对稳定，又要保证谈判团队的活力。

3.驾驭谈判局面，控制谈判的进程

谈判过程中，如果采购双方发生争执，剑拔弩张，或者争论起来不着边际，失去控制，可能会破坏谈判的气氛。在谈判过程中，己方应注意驾驭谈判局面，控制谈判进程，以赢得谈判中的主动地位，需要做好以下工作：

（1）对前面的工作进行回顾和总结，提醒或引导对方认识到所处的谈判阶段；

（2）强调双方共同的利益；

（3）拨正议题；

（4）更换人员；

（5）控制进度；

（6）临时休息。

4.寻找方案，打破僵局

采购谈判在进入实际的磋商阶段之后，谈判双方往往会由于某种原因而相持不下，陷于进退两难的境地，即谈判的僵局。谈判陷于僵局，一般不是因为双方之间存在不可调和的矛盾，多数是感情、立场、原则等主观因素所致。因此，谈判双方在谈判开始之后，一旦陷于僵局，谈判者应探究原因，积极主动地寻找解决的方案。

打破僵局的方法如下。

（1）更换话题。谈判过程中，如果某个议题引起争执，一时又无法解决，谈判双方为了寻求和解，可以变换一下议题，把僵持的议题暂时搁置，等其他议题解决好，再在友好的气氛中讨论，解决僵持的问题。

（2）更换谈判的主谈人。有时谈判的僵局是由主谈人的个人因素造成的。僵局一旦形成，主谈人的态度便不易改变，甚至可能产生抵触情绪，不利于谈判，此时，应考虑更换主谈人。新的主谈人以新的姿态来到谈判桌上，有可能使僵局得以缓解。

（3）暂时休息。谈判双方一时冲动，在感情上“较劲”时，应当从谈判的实际情况出发，考虑暂时休会，等气氛缓和下来再谈。在冷静、平和的气氛中，谈判双方为了争取自身的利益求同存异的可能性更大。

（4）寻找其他解决方案。谈判双方在坚持各自的谈判方案互不相让时，谈判就会陷于僵局。此时，最好的解决办法是，放弃各自的谈判方案，共同寻求一种可以兼顾双

方利益的第三种方案。

（5）由双方专家单独会谈。谈判者可依据谈判僵局所涉及的专门问题，提请有关专家单独会谈。例如，涉及法律问题时，可由双方律师单独会谈；涉及技术问题时，可由双方工程师、技师单独会谈。同行之间会谈，可以避免不少麻烦，也容易找到共同点，有助于探寻解决问题的新方案。

5.把握谈判的时机，做出适当的让步，促进谈判成功

如果谈判的和解时机已经到来，谈判的一方或双方仍不肯让步，谈判也会失败。在谈判中让步是要讲策略的，否则就会出现失误。常见的让步方式有以下几种。

（1）互惠的让步方式。以己方在某一问题上的让步来换取对方在某一问题上的让步。

（2）丝毫无损的让步方式。这实质上是一种高姿态的让步方式。比如对方要求己方在某些方面让步，而且理由非常充分，但己方确实不想让步，这时可以采取该让步方式：承认对方的要求是合理的，表明己方让步意愿，但有实际困难阻碍让步，请对方原谅，这样可以给对方一种心理上的满足感，促成对方让步。

（3）长、短期利益相结合的让步方式。这种让步方式一般在具有长期合作需求的谈判中使用。谈判双方有的对远期利益感兴趣，有的对近期利益感兴趣，这样，谈判双方可以相互做出让步。

6.签订协议，终止谈判

在此阶段，双方经过磋商取得一致意见，并就谈判的事项达成书面协议。

在这一阶段，最主要的工作就是签订协议，应当注意以下问题。

（1）起草协议时应从实际出发，反映谈判所要解决的实际问题，切忌照搬、照抄别人的合同或标准格式。

（2）关于法律适用条款问题。一些涉外谈判所达成的协议，一般涉及不同国家具体的法律、国际惯例、公约或国家间的条约。由于这些法律、惯例、公约、条约，对谈判协议的格式、内容，当事人的权利、义务，国际支付等都有不同的规定，因此，在谈判的终局阶段签订协议时，应注明适用的法律。

（3）关于协议文本的文字使用问题。按照国际谈判惯例，协议使用的文字应是谈判当事人所在国家的法定文字。

（4）审查或修改谈判协议。谈判协议形成后，谈判者必须抓住最后的机会，严格

地进行审查，遇有问题立即要求修改。

关键点提示

谈判者进行谈判磋商时需要做到：

1.合理地报价、还价；2.对谈判进行正确的评估和调整；3.驾驭谈判局面，控制谈判的进程；4.寻找方案，打破僵局；5.把握谈判的时机，做出适当的让步，促进谈判成功；6.签订协议，终止谈判。

3.4　如何在谈判过程中讨价还价

工作场景描述

当想在讨价还价中占有优势时，可查看。

解读与分析

讨价还价是谈判中一项重要的内容，一个优秀的谈判者不仅要掌握谈判的基本原则、方法，还要学会熟练地运用讨价还价的策略与技巧，以达到谈判成功的目的。在谈判中，讨价还价的策略有如下几种。

1.投石问路策略

要想在谈判中掌握主动权，己方就要尽可能地了解对方的情况，尽可能地了解掌握某一步骤对对方的影响以及对方会如何反应。例如，在价格讨论阶段，己方想要试探价格有无回旋的余地，就可提议：“如果我方增加购买数额，贵方可否考虑价格优惠呢？”然后，己方可根据对方的开价，进行选择比较，讨价还价。

2.抬价压价策略

在讨价还价中，忍耐力、经验、能力和信心很重要。

在谈判中，通常不会出现一方一开价，另一方就马上同意的情况。双方要经过多次的抬价、压价，才能相互妥协，确定一个双方认可的价格标准。

由于谈判时，抬价一方不清楚对方有什么样的心理预期，在什么情况下妥协，因此这一策略运用的关键就是试探出什么样的价格是对方能够接受的。在讨价还价中，双方都不能确定对方的底线，己方能得到什么。因此，时间越久，局势就会越有利于有信心、有耐力的一方。

一般而言，抬价是建立在科学计算，精确观察、判断、分析基础上的。

压价可以说是对抬价的破解。如果是买方先报价格，可以低于预期进行报价，留有讨价还价的余地；如果是卖方先报价，买方压价，则可以采取多种方式。

（1）集思广益，思考对策。

（2）在合同没有签订以前，要求对方做出某种保证，以防反悔。

（3）揭穿对方，对对方在谈判中的把戏，直接指出其实质，比如算出对方产品的成本费用，挤出对方报价的水分。

（4）制订价格的上下限，围绕其进行讨价还价。

（5）用反抬价法来回击，如果在价格上迁就对方，则必须在其他方面获得补偿。

3.价格让步策略

价格让步的方式和幅度直接关系到让步方的利益，理想的方式是每次做递减式让步，做到让而不乱，成功地遏制对方无限制让步的要求，具体有以下几种方式。

（1）每次让步都给对方一定的优惠，表现己方的诚意，同时保全对方的面子，使对方有一定的满足感。

（2）让步的幅度越来越小，越来越困难，使对方感到己方让步不容易，是在竭尽全力满足对方的要求。

（3）最后的让步幅度不大，使对方明白，己方让步到了极限。有些情况下，最后一次让步幅度较大，甚至超过前一次，这是在表示己方合作的诚意，发出想要签约的信号。

4.最后报价策略

谈判者要掌握好最后出价的时机和方式，如果在双方互不相让，甚至气氛十分紧张的对峙状况下提出最后报价，无异于是在发出最后通牒，很可能会使对方认为是一种威胁，危及谈判的顺利进行。当双方就价格问题不能达成一致时，如果报价一方看出对方有明显的达成协议的倾向，这时提出最后报价较为适宜。

在讨价还价过程中，谈判者根据具体的情形和各个策略所具有的不同特点，恰当地运用各个策略，有助于掌握谈判过程中的主动权，获得最大的效益。

关键点提示

讨价还价策略有：

1.投石问路策略；2.抬价压价策略；3.价格让步策略；4.最后报价策略。

3.5　如何进行互利型谈判

工作场景描述

当想通过谈判达到双赢时，可查看。

解读与分析

互利型谈判是建立在互利互惠、彼此合作基础之上的谈判方式。在此种谈判中，双方可以采取以下一些具体策略。

1.开诚布公策略

采购双方谈判人员在谈判过程中，均持诚恳、坦率的合作态度，向对方吐露己方的真实思想和观点，客观地介绍己方情况，提出要求，以促使对方合作，使双方能够在坦诚、友好的氛围中达成协议。当然，开诚布公，并不意味着己方将自己的所有情况都毫无保留地暴露给对方。使用此策略时应注意以下问题。

（1）注意运用的时机。这一策略通常是在谈判的探测阶段结束或报价阶段开始时运用。在此阶段，己方已对对方的立场、观点、态度、风格等各方面情况有所了解和掌握，双方处于诚恳、坦率而友好的谈判气氛中，这时提出己方要求，坦露己方观点，会是行之有效的。

（2）注意所谈的内容。采购双方在谈判中应针对协商的具体内容介绍有关情况，不要什么问题都涉及。在哪一方面有困难，就针对哪一方面进行重点介绍，使对方了解己方在这方面的难处以及解决的方案，唤起对方的共鸣，使对方相信，只要双方通力合作，就能战胜困难，让双方都能受益。

2.休会策略

休会时机运用得当，可起到恢复谈判人员的精力、控制进程、缓和谈判气氛的作用。

当谈判双方在谈判中遇到某种障碍时，谈判的一方或双方可提出中断谈判。暂时休会，能使谈判人有机会重新思考和调整对策，促进谈判顺利进行。一般情况下，休会策略运用在下列时候。

（1）在某一阶段接近尾声时。此时休会，可使双方借休息之机，分析讨论这一阶段的情况，预测下一阶段谈判的发展，提出新的对策。

（2）在谈判出现低潮时。谈判人员如果出现疲劳、精力难以集中的情况，可适当休息后再继续谈判。

（3）在会谈出现僵局时。当谈判双方的分歧加大，出现僵持不下的局面时，采用休会的策略，可以使双方冷静下来，客观分析问题，以利于问题的有效解决。

（4）在对方出现不满情绪时。如果对方出现不满情绪，为避免对方采取消极态度对待谈判，就应休会，调整气氛，改善情绪，以利于谈判的顺利进行。

（5）在谈判出现疑难问题时。在谈判一方或双方都遇到难以解决的新问题时，休会后各自进行协商，提出处理办法，可避免谈判出现障碍。

3.润滑策略

采购谈判人员在交往过程中，可以通过互相馈赠礼品进行感情联络。但在使用此策略时，应注意以下问题。

（1）馈赠礼品不应带有功利性，而只是为了联络感情，否则，会给对方一种“行贿”的感觉，使对方警觉，也破坏了己方的形象。

（2）要尊重对方的风俗习惯及个人兴趣，所赠礼品最好能使对方感到惊喜。

（3）馈赠礼品时也要选择适当的时机和场合，要使对方感到很自然，这样易于对方接受。

4.假设条件策略

在谈判的探测阶段，己方可以提出某种假设条件，来试探对方的虚实。一般来说，己方可在以下两种情况下提出假设条件：一种是在己方认为不太重要的问题上提出假设条件，如果对方对此反应敏感，则说明他们对这一问题比较重视；另一种是在己方认为比较重要的问题上提出假设条件，此时应注意提出时机。对一个已经商讨多时，几乎可以定下来的问题，就不应再提假设条件。只有在双方出现分歧，均在设想解决方法时提出假设条件，才能收到好的效果。同时，在提出假设条件之前，谈判者应对假设条件变成现实后可能产生的结果有正确的估计，否则，一旦假设条件变成现实，或对方努力地实现这一假设条件时产生其他的变动和要求，则会使己方非常被动。

5.私下接触策略

私下接触是一种非正式会谈的方式。在谈判过程中，谈判者有意识、有目的地与对方私下接触，不仅可以增进双方友谊，融洽双方关系，还可以得到谈判桌上难以得到的东西。私下接触的形式有很多，如聚餐、游玩、打球等，这些活动能够创造一种轻松愉快的气氛，有利于谈判者获得更多的信息，有时甚至可以直接促成谈判。

6.有限权力策略

当谈判双方就某些问题进行协商，一方提出某种要求，企图迫使对方让步时，另一方可以利用有限权力策略，向对方宣称自己在该问题上无权向对方做出这样的让步。这样既维护了己方利益，又给对方留了面子。

谈判人员不仅可以以权力有限为借口，拒绝对方某些要求、提议，还可以利用该借口，借向高层决策人请示之机，更好地商讨处理问题的办法。当然，有限权力策略也不能滥用，使用过多或使用时机欠妥会使对方怀疑该谈判员的身份、能力。如果对方认为该谈判人员在谈判中不具有对主要问题的决策权，就会失去与之谈判的兴趣与诚意。

7.寻找契机策略

寻找契机策略就是寻找和创造有利条件，刻意制造出某一印象来实现某种目的的策略。使用此策略时要注意掌握使用契机，需要做到以下几点。

（1）要有耐心。没有耐心，就发现不了对己方有利的机会。

（2）要了解对方。在各项活动中观察了解对方，发现其特点，尤其是弱点，这有利于己方做出正确决断。

（3）要善于分析判断形势。只有善于分析判断形势，才会发现有利时机。

（4）在出现危机时，努力将危机变为生机。当谈判出现危机时，不要急于做出反应，应分析危机，控制情绪，正确对待危机并找出适当的解决办法。

谈判人员熟练地掌握和运用上述各种互利型谈判的策略，有助于谈判双方在友好的气氛下达成合作协议，获得谈判的成功。

关键点提示

互利型谈判策略有以下几种：

1.开诚布公策略；2.休会策略；3.以退为进策略；4.润滑策略；5.假设条件策略；6.私下接触策略；7.有限权力策略；8.寻找契机策略。

3.6 如何争取谈判对己方有利

工作场景描述

当想在谈判中争取己方的最大利益时，可查看。

解读与分析

对己方有利，并不意味着要以损害对方利益为代价，而是指在谈判中谈判者在不断争取己方利益的同时也兼顾对方利益。争取谈判对己方有利的主要策略有以下几种。

1.声东击西策略

这种策略是指在谈判中，一方出于某种需要而有意识地将议题引到对己方并不重要的问题上，借以分散对方的注意力，达到己方目的的策略。在谈判过程中，只有巧妙地隐藏自己真正的利益，才能更好地实现谈判目标，尤其是在不能完全信任对方的情况下，使用这种策略会收到良好的效果。

2.先苦后甜策略

先苦后甜策略是指在谈判中己方为了实现既定目标，先向对方提出苛刻要求，再逐渐让步，求得双方一致，以此获得己方最大利益的策略。在运用这一策略时，提出的要求不能过于苛刻，与通行的惯例和做法相距不能太远，否则会使对方觉得己方缺乏诚意，因而中断或退出谈判。另外，己方所提出的要求，应尽量集中在对方信息和资料掌握较少或双方都难以用客观标准检验、证明的方面。否则，对方很容易识破己方的战术，采取应对措施。

3.最后期限策略

在谈判过程中，规定最后的期限，可以有效地督促双方谈判人员振奋精神、集中精力。随着期限的迫近，双方会感到达成协议的时间很紧，会努力从合作的角度出发，争取问题得到解决。因此，在谈判过程中，对于双方一时难以达成一致意见的棘手问题，不要操之过急地强求解决，要善于运用最后期限策略，划定谈判的截止日期，向对方开展心理攻势。必要时，己方还可以做出一些小的让步，给对方造成机不可失，时不再来的感觉，以此说服对方，达到谈判的目的。

4.攻心策略

（1）己方可通过表达愤怒、发脾气等激烈行为，使对方手足无措，向对方施加强大的心理压力。

（2）软化对方，使之做较大的让步。

尽管此种策略可以收到一定成效，但一定要注意适可而止，不能人身攻击。可以肯定地讲，通过此种方式所获得的合作，绝不是长期友好的合作。

5.疲劳战术策略

在谈判中，如果遇到谈判者表现出趾高气扬的傲慢态度或居高临下、先声夺人的挑战姿态，使用疲劳战术策略将会非常有效。疲劳战术能使趾高气扬的谈判者感觉疲劳厌倦，进而逐渐消磨其锐气，从而扭转不利和被动的谈判局面。

6.出其不意策略

出其不意策略是指谈判者在谈判中突然改变手段、观点或方法，使对方因惊奇而感到压力的一种策略。这种策略可在短时间内产生一种震慑对方的力量，给对方造成压力，使己方获得利益。

己方在遇到令人惊奇的情况时，克服震惊最好的办法是多听少说或暂时休会，以充分利用时间去考虑。

7.得寸进尺策略

得寸进尺策略是指谈判者在争取对方一定让步的基础上，继续进攻，一点一点地提出更多的要求，积少成多，以达到己方目的的策略。运用此策略有一定的风险，如果提出过分要求，很可能会激怒对方，使其固守原价甚至加价，进行报复，使谈判陷于僵局。因此，只有在具备一定条件的情况下才能采用此策略。这些条件如下。

（1）对方有较为明显的议价倾向。

（2）经过科学的估算，确信对方出价的“水分”较大。

（3）某一商品市场行情疲软，价格有较大的回旋余地。

在不损害对方利益的基础上，了解并熟练运用上述策略，企业可以降低成本，获得最大的利益。

关键点提示

谈判者争取谈判对己方有利的策略包括以下几种：

1.声东击西策略；2.先苦后甜策略；3.最后期限策略；4.攻心策略；5.疲劳战术策略；6.出其不意策略；7.得寸进尺策略。

3.7　如何通过商品成本分析来降低采购成本

工作场景描述

当想通过对所采购的商品进行成本分析来控制和降低采购成本时，可查看。

解读与分析

企业要进行生产经营活动，不可避免地要采购原材料，产生采购成本。企业通过对采购成本的各个组成部分进行分析，可以找到控制和降低采购成本的途径，从而达到提高企业整体经济效益的目的。但是，无论用什么方法控制和降低成本，采购活动都要以所采购商品或服务的质量能满足企业的需要为基础。

采购成本是指企业经营中因采购物料而发生的费用，也就是在采购物料过程中购买、包装、装卸、存储等环节所支出的人力、物力、财力的总和。

在采购活动中，成本主要包括三部分：物料成本、采购管理成本和存储成本。分析商品采购成本时应从这三方面入手。

1.物料成本

物料成本就是在获得物料过程中发生的费用。其计算公式为：

物料成本=单价×数量+运输费+相关手续费+其他费用

在物料成本中，占比例最大的是材料的买价。也就是说，降低材料成本的关键就是控制采购价格。为达到此目的，企业可采用以下方法。

（1）成本费用比较法。通过对物料采购成本以及各种支出费用进行分析比较，选择物料成本最低的供应商。

（2）压价采购法。利用买方市场的优势，在供货标准不变的情况下，迫使原供货渠道的供应商降低价格，达到降低进货成本的目的。

（3）公开招标采购。广泛地选择供货单位，利用竞标人的竞争心理，使竞标人之间相互压价，达到降低成本的目的。

2.采购管理成本

采购管理成本是组织采购过程中发生的费用。其构成为：

采购管理成本=人力成本+办公费用+差旅费用+信息传递费用+其他费用

要想降低采购成本，关键是要加强对采购人员的管理，具体地说，就是要招聘在才能和品德方面都优秀的高素质采购人员。

3.存储成本

存储成本是物料在库存过程中发生的费用，一般与库存量成正比。其构成为：

存储成本=贷款利息+仓储保管费用+存货损坏费用+其他费用

在存储成本中，仓储保管费用占了很大的比例。企业要想对其进行控制，可采用存货管理的ABC分类法（表3-1），即将货物分为A、B、C三类，通过合理安排企业的人、财、物，达到节约、降低存储成本的目的。

表3-1 ABC分类法

类别	累计消耗金额	累计品种数	管理方法
A	60%～70%	10%～15%	重点管理
B	介于两者之间		正常控制
C	5%～15%	60%～70%	简单控制

采购人员对以上三个影响采购成本的主要方面进行分析，可以进一步认识采购成本的组成，从而找到降低采购成本的途径。

关键点提示

采购人员需要从以下几个方面对采购成本进行控制：

1.物料成本；2.采购管理成本；3.存储成本。

3.8 如何通过网上采购降低采购成本

工作场景描述

当想通过网上采购降低采购成本时，可查看。

解读与分析

网上采购是指在网络平台上，利用数字化技术将企业的运输、金融、商检等有关部门有机联系起来，实现从浏览、洽谈、签约、交货到付款等全部或部分业务自动化处理。

随着互联网技术的普及和网络优势的凸显，企业可以利用电子商务的优势达到降低成本的目的，通过网上采购来降低采购成本。那么，如何通过网上采购来降低采购成本呢？具体有以下几方面措施。

1.统一订货，获得折扣

利用互联网整合和处理采购信息，企业统一向供应商订货，以求获得最大的批量折扣。如美国的沃尔玛就是通过信息系统将需要采购的信息统一汇集到总部，再由总部通过网络统一向供应商订货，从而获得最大限度的优惠。

2.适时订购，降低库存

企业利用互联网将生产信息、库存信息和采购信息连接在一起，根据需要进行适时采购，以最大限度地减少库存，实现“零库存”管理。这样一方面可以减少资金占用和存储成本；另一方面，可以避免价格波动对产品的影响，从而达到降低成本的目的。

3.科学管理，减少损失

研究表明，企业直接和间接采购占了总开支的64%，而采用自动化采购解决方案，可以降低采购费用达70%，使产品成本降低5%～15%。

企业可通过互联网实现库存、订购管理的自动化和科学化，最大限度地减少人为因素的干预，同时又能以较高的效率进行采购，从而节省大量的人力，避免人为因素造成不必要的损失。

4.发布公开信息，获取最低价格

在互联网上发布求购信息，让全球的供应商报价和竞价，以便选择综合成本最低的供应商，大大降低采购成本。

5.减少中间环节，降低交易成本

买卖双方通过互联网直接接触，无须采购中介参与，减少了中间环节，足不出户就可以在网上直接办理订购、谈判、签约、缴税、支付结算等各项业务手续，极大地缩短了采购时间，降低了交易成本。

随着人们对互联网认识的进一步深化和互联网技术日趋完善，企业可以利用互联网优势达到进一步降低成本的目的，但同时要注意网络安全、法律问题和财税风险。

关键点提示

企业通过网上采购降低采购成本的方式有：

1.统一订货，获得折扣；2.适时订购，降低库存；3.科学管理，减少损失；4.发布公开信息，获取最低价格；5.减少中间环节，降低交易成本。

3.9 如何利用 JIT 采购降低采购成本

工作场景描述

当想通过JIT采购降低采购成本时，可查看。

解读与分析

JIT采购即准时化采购，它是把JIT生产的管理思想运用到采购中形成的一种先进的采购模式。它的基本思想是：把合适的数量和质量的物品，在合适的时间供应到合适的地方，最大限度地满足用户的需要。

JIT采购可以最大限度地消除浪费，降低库存，实现“零库存”。与传统的采购方式相比，JIT采购是一种很理想的采购模式，具体特点如表3–2所示。

表3–2 JIT采购与传统采购的比较

比较项目	JIT采购	传统采购
采购批量策略	小批量采购，减少生产批量，缩短生产周期	大批量采购，送货频率低
对交货及时性的要求	要求按时交货	没有明确要求
选择供应商的方式	较少的供应商，长期合作，降低成本，提高质量	多头采购，供应商较多，价格竞争，短期合作
采购驱动因素分析	订单拉动，同步化，即时化	生产推动，补充库存
对检查工作的分析	逐渐减少，最后消除	收货，点货，质量验收

通过上述比较，我们可以看出，JIT采购可以在以下几个方面降低采购成本。

1.降低库存，减少库存成本

JIT采购要求准时、保质保量地供应所需的原材料和外购件，所以，JIT采购可以最大限度地降低原材料和外购件的库存，减少流动资金的占用，加速流动资金的周转，同时有利于节省原材料和外购件库存占用的空间，降低库存成本。

2.提高质量水平，降低质量成本

研究表明，实施JIT采购，可以使购买的原材料和外购件的质量提高2～3倍，从而使

质量成本减少26%～63%。

JIT采购要求供需双方建立长期稳定的合作关系，即供应商须参与产品设计过程，采购企业应帮助供应商提高技术能力和管理水平，这就从源头上保证了采购质量，降低了质量成本。

3.减少采购环节，降低采购成本

在传统的采购方式中，主要是由采购部门负责把控采购物资的质量，验收部门负责购买物资的接收、确认、点数统计，并将不合格的物资退回给供应商，这样的方式增加了采购成本。实施JIT采购后，购买的原材料和外购件能够实行免检，直接由供应商送货到生产线，大大减少了采购的中间环节，从而降低了采购成本。

4.降低采购价格，减少采购成本

实行JIT采购的企业，供应商的数日相对较少，比较重视与供应商的伙伴关系。由于供应商愿意在采购谈判中做出让步（受益于长期订货以及因之形成的内部规模效益），再加上消除了采购过程中的一些浪费（如订货手续、装卸环节、检验手续等），购买原材料和外购件的价格得以降低，从而降低了采购成本。

从以上分析中可以看出，实行JIT采购对于企业提高采购效率，降低采购成本有很大帮助。

关键点提示

企业利用JIT采购可从以下几方面降低采购成本：

1.降低库存，减少库存成本；2.提高质量水平，降低质量成本；3.减少采购环节，降低采购成本；4.降低采购价格，减少采购成本。

3.10 如何制订底价

工作场景描述

当想对底价做到心中有数时，可查看。

解读与分析

底价是指采购方打算支付的最高采购价格，底价的制订与物料品种及工程规格有相当密切的关系，其制订过程如下。

1.确立采购规格

收集来的资料，只可作为参考，不可作为制订底价的唯一依据。

规格在采购工作中极其重要，不仅会影响物料的品质，也会影响交货日期、价格等。一般来说，常用的物料定有统一的规格，并分别编定了物料号码，其规格可直接确定。对于非常用的物料以及尚未制订统一规格的物料，使用单位或技术部门可参考国家、相关机构或其他同类企业的标准，由本企业人员按照需要自行设计规格。对于一些无法事先说明尺寸的物料，可指定厂牌，说明要求，或提供样品，作为采购物料的标准。

2.进行调查，收集信息

对于一般物品，企业可通过报纸、杂志、网络、市场调查资料、各著名工厂厂价、行业协会牌价、历史采购记录、展览会、研讨会等多种渠道自行收集采购价格方面的信息。对于专业性、技术性强的物品或工程，企业可聘请专业人员进行评估。

3.分析信息，估计价格

企业对所得的资料进行整理、分析，编制材料调查报告，并在此科学调查的结果上，估计所采购物品的价格。

总之，底价的制订并非易事。底价制订得太低，会造成厂商报价偏高，而无法选出合适的供应商；底价制订得太高，则会浪费钱财。因此，制订合理的底价，对企业选择合适的供应商会起到很大作用。

关键点提示

采购方制订底价的主要过程是：

1.确立采购规格；2.进行调查，收集信息；3.分析信息，估计价格。

3.11　如何正确询价

工作场景描述

当要向供应商询价时，可查看。

解读与分析

询价是指在贸易活动中，买方与卖方就所要购买或出售的商品向对方询问交易条件的行为。

采购人员在制订完底价后，就需要联络供应商，向供应商询价了。询价包括以下几个步骤。

1.编制询价文件

询价文件是供应商报价的依据，一份完整、正确的询价文件可以帮助供应商在最短的时间内提出正确、有效的报价。因此，编制一份载有足量信息的询价文件是进行正确询价的首要条件。

一份完整的询价文件至少应包括以下几项内容。

（1）品名和料号。

（2）数量。

（3）规格要求。

（4）品质要求。

（5）报价基础要求。

（6）买方的付款条件。

（7）交期要求。

（8）包装要求。

（9）运送地点与交货方式。

（10）售后服务与保证期限要求。

（11）供应商的报价到期日。

（12）保密协定等。

2.确定询价对象

采购部门首先要根据采购需求，制订询价对象的资格条件，对供应商的供货品种、信誉、售后服务网点等进行资格审查，然后根据资格条件以公平的方式确定询价对象。

一般采购部门须选择三家以上供应商作为询价对象。

3.发布询价通告

企业选择一定渠道，与供应商联络，并向这些供应商发布询价通告，其上要有采购人员与技术人员的姓名以及联系电话，以便进行进一步的沟通。

询价通告发出后，会吸引供应商进行报价，进而为后面的报价、议价等工作奠定基础。

关键点提示

询价包括以下几步：

1.编制询价文件；2.确定询价对象；3.发布询价通告。

3.12 如何处理报价

工作场景描述

当想对供应商的报价单进行审查、评估时，可查看。

解读与分析

审查报价单应于报价有效期内进行。

采购人员在获得供应商的报价单后，就需要对其进行处理了，一般需要遵循以下几个步骤。

1.审查报价单

采购部门在接到供应商的报价单后，对供应商所提供的产品质量、数量、价格以及交货时间等进行审查。

一般企业对报价单需审查以下几方面。

（1）审查是否为确定报价。确定报价需审查：是否为有效期报价？有效期到何时为止？物资品牌、名称是否确定？是否为确定价款？有无浮动价格等条款？

（2）审查质量是否恰当：其所报物料规格是否明晰、周详？

（3）审查数量是否恰当：其所声明的物资数量及单位是否开列清楚？所附的数量增减条款是否合理？

（4）审查交货期是否及时：如果是从国外采购的物料，所订立的立即装船、即期装船及限期装船的条款是否合理？

（5）审查价格是否恰当，所报单价及总价有无错误。

（6）审查包装条款是否符合采购方的要求。

（7）审查交货条款是否合理。

（8）审查付款条款是否合理。

（9）审查有无其他特别条款等。

2.分析评价报价单

采购部门在接到报价单后，对各供应商的价格、交货期、付款条件、交货地点等内容进行分析评价，以便选择恰当的供应商。

3.确定成交供应商

采购部门在完成报价单分析评价工作后，形成评价报告，并与自己制订的底价进行比较，确定成交供应商，并将结果通知所有报价的供应商，包括未成交的供应商。

采购人员在确定成交供应商时，必须严格按照事先确定的成交供应商评定标准执行。

关键点提示

企业正确处理报价需采取以下几步：

1.审查报价单；2.分析评价报价单；3.确定成交供应商。

3.13 如何制订议价策略

工作场景描述

当要制订议价策略时，可查看。

解读与分析

议价策略的制订应建立在企业对形势和议价策略正确认识、理解的基础之上。

在采购活动中，议价能否成功很大程度上取决于所制订议价策略质量的优劣。制订议价策略，就是制订议价的整体计划，从而在宏观上把握议价的整体进程。议价策略的制订步骤如下。

1.明确目标

在制订议价策略时，企业要明确希望通过议价达成的目标。企业想通过议价达成的目标有很多，如以最低的价格购进一批原材料，力争采用分期方式付款等。

2.收集信息

企业应收集议价过程所需要的相关数据，了解供应商的详细情况，特别是供应商在价格方面的立场，并对所采购的物资成本进行分析。

3.分析信息，确定实际情况

企业应对所收集的信息进行分析、筛选，找出认为可信的数据，确定实际情况。每一种实际情况都是企业所希望达成协议的其中一方面的信息。

4.找出分歧点

企业应根据所搜集的信息和已确定的情况，找出议价谈判中的分歧点，解决相关问题，从而签订一份双方都满意的合同。

5.分析双方实力

企业应从供应商的供应能力、订单积压状况、赢利能力、签订合同的可能性，时间上的紧迫性等方面，对双方实力进行分析。对双方实力的分析，可以帮助企业确立议价要点，避免产生不切实际的愿望。

6.确立双方的地位

在分析完双方的实力后，应确立自己在分歧点中的地位，并且根据所得的数据估计出供应商在每个分歧点中的地位。通过数据分析，企业可明确谁在议价中处于更有利的地位及哪些要点可以使双方都能得到最大的好处。

7.制订议价策略

在制订议价策略时，首先制订议价进程，即讨论问题的先后顺序；再制订进程中的策略，如采购者在哪些方面愿意妥协，在哪些方面立场坚定，议价团队由哪些人员组成等。

如果议价的目的是达成交易，那么议价的方法和策略就很重要。因此，在采购议价前，需充分搜集信息，制订完善的议价策略，以达到议价的目的。

关键点提示

企业制订议价策略时需要做到以下几步：

1.明确目标；2.收集信息；3.分析信息，确定实际情况；4.找出分歧点；5.分析双方实力；6.确立双方的地位；7.制订议价策略。

3.14　如何成功进行议价

工作场景描述

当想要了解成功议价的技巧时，可查看。

解读与分析

在采购活动中，议价的内容多是采购企业与供应商共同关心但又存在一定分歧的问题。议价的过程就是在维护自己利益的基础上消除分歧、达成一致的过程。

那么，如何保证议价成功呢？一般需掌握以下技巧。

1.具备必胜信念

议价人员只有具备必胜的信念，敢于面对任何困难和挑战，才能有勇有谋、百折不挠，达到既定的目标，才能虚怀若谷，赢得对方信任，取得合作的成功。

2.有耐心

耐心是从心理上战胜议价对手的一种心理素质，也是成功议价的心理基础。在议价中，议价人员应更多地倾听对方意见，以了解和掌握更多的信息，掌握议价中的主动权。

3.有诚意

只有双方有合作的诚意，才会认真考虑对方的要求及双方合作的可能性。也只有双方有合作的诚意，双方的议价人员才会做大量细致、周密的工作，认真考虑议价中可能出现的各种突发情况，保证议价人员互相理解、互相让步，以求达到最佳的合作效果。

4.力求留下良好的第一印象

在知觉认识中，第一印象很容易影响人们对某人某事的看法。因此，比较优秀的议价人员十分注意双方的初次接触，力求给对方留下良好的第一印象，赢得对方的信任与好感，增加议价的筹码。

第一印象的形成主要取决于人的仪表、着装、举止和言谈。通常情况下，仪表端庄，着装得体，举止言谈大方稳重，较容易获得人们的好感。

5.营造和睦氛围

和睦的议价氛围是议价双方良好沟通的基础，能够加快议价目标的达成。营造和睦的议价氛围通常有以下两种方法：一是尽量采用与对方相协调的声调和语调；二是采用与对方相协调的身体姿势。这样在交谈中双方就会不知不觉地营造出和睦的气氛，使双方有“共同的语言”，使双方相互理解，意见一致。

6.表述准确有效

在议价过程中，议价双方需要陈述自己的条件，说明自己希望达到的目标。这时，进行准确、完整、有效的表述非常重要。在说话时，要用温和的眼光看着对方，切记不可埋头。

7.采用正确的拒绝方式

议价人员在处理对方提出的棘手问题时，需要开诚布公地说“不”，但是在说“不”的时候，需要讲究方式和方法。一般来说，成功的议价人员在说“不”的时候，会将拒绝的原因放在前面，而后才提出拒绝。

8.以成本为中心

议价应以成本为中心，而不是以价格为中心。在议价过程中，不光要看己方对价格的满意程度，还要看对方对利润是否满意。所以，以成本为中心，提出合理的价格，是达成协议的条件。

议价人员通过对以上议价技巧的掌握，可以顺利地解决分歧，并使双方最终达成一致意见，获得最大的利益。

关键点提示

要想成功进行议价，议价人员应：

1.具备必胜信念；2.有耐心；3.有诚意；4.力求留下良好的第一印象；5.营造和睦氛围；6.表述准确有效；7.采用正确的拒绝方式；8.以成本为中心。

第4章

采购审核常见问题

随着社会主义市场经济的建立和完善，企业对内部采购活动的审核和控制工作越来越重视。对企业采购活动进行审核，有利于保证企业财务收支的真实性、合理性，有利于对企业采购活动进行有效管理，尽量杜绝或减少违反职业道德的行为，以保障企业的经济效益。

4.1　如何对采购决策进行审核

工作场景描述

当想要审核采购决策是否正确时，可查看。

解读与分析

企业对采购决策进行审核，主要是审核每次采购过程中所确定的采购商品的数量、形式是否合适及采购活动是否达到了总成本最小化，主要审核以下两个方面。

1.审核采购数量决策

企业在生产经营过程中，需要购进大量的原材料和零部件等。在一定时期内，企业可以实行一次性全部采购的策略，也可以实行分批多次采购的策略。因此，要想达到总成本最小化，企业就需要权衡少批次的保管费用与多批次的采购费用之间此消彼长的变化关系。

（1）审核货物消耗总量与预计产品的销售量是否匹配。

任何一种货物的消耗总量，都是由预计的产品销售量决定的。只有销售量预计正确，才能确保采购数量既能满足生产经营的需要，又能使效益最大化。因此，需审核采购部门所采购商品的数量是否是根据所预计产品的销售量计算得出的。

（2）审核预计采购费用、年保管费用率的方法是否正确。

如果当年的情况与上一年相近，那么二者的采购费用和保管费用率应该是差不多的；如果相差甚远，则说明预计方法有问题，应查明变动的原因。

（3）审核在确定采购量时，是否考虑缓冲储备的问题。

企业在实际生产活动中可能会发生缺货、物料消耗不均衡的问题。此时，相关人员在确定采购数量时就应考虑缓冲储备问题，确定合理的缓冲储备量，使可能发生的缺货成本同缓冲储备量的储存成本总和达到最低。

2.审核商品的采购形式

企业生产所需的原材料或零部件等物品，既可以从外部购买，也可以企业自己制造。企业应从提高经济效益的角度出发，根据自身生产能力和成本的情况决定是自制还是外购。

（1）审核计算方法是否正确。一般来说，自制或外购的预期成本不同，而预期收入是相同的。因此，进行决策分析时，企业只需计算差量成本，无需计算差量收入，即只需根据两者成本的高低进行选择。差量成本是变动成本，应先对有关成本进行分解，再审查其中变动成本的决策是否准确。

（2）审核决策方案的成本组成内容是否完整。在自制的情况下，企业有时可能需要添加一些专用设备，这时不仅要考虑直接材料、直接人工和变动制造费用，还应考虑新增加的固定成本；如采用外购方案，则需考虑买价和订货、运输、装卸、保险、收货等费用，并需考虑相应的机会成本。

（3）审核是否考虑了采购或自制的数量。企业的设备生产能力是有限的，超过了一定的订货量，企业可能需要外购专用设备才能满足自制的要求。同样，对外采购时，采购数量不同，享受的折扣率会因此不同，那么单位数量所分担的采购费用也会不同。所以，应审核订货数量是否在相关范围之内，若在相关范围之外，货物的成本可能就会受到影响。

对采购决策进行审核，可以改正决策中不合理的地方，使总成本达到最小，并使企业获得更多的效益。

关键点提示

采购决策审核需要企业从两方面进行：

1.审核采购数量决策；2.审核商品的采购形式。

4.2　如何对采购计划进行审核

工作场景描述

当要审核采购计划是否合理时，可查看。

解读与分析

采购部门根据企业做出的采购决策编制出采购计划后，还需对其进行审核。对采购计划进行审核主要是审核编制依据是否科学、贯彻措施是否恰当、控制体系是否完善、执行结果是否达到预期目标。

1.编制依据是否科学

采购计划应根据市场预测资料、采购决策方案以及供需平衡的原则来确定所需货物的品种、规格、数量和质量，根据企业的具体情况如生产周期、进货运输时间以及运输条件来确定合理的供应间隔期。

2.贯彻措施是否恰当

审核计划的贯彻措施，目的是促使采购计划顺利贯彻执行，在计划贯彻执行过程中，明确人员职责很重要。因此，需要审核采购计划在具体贯彻中是否实行目标管理，是否把采购计划分解落实到了采购人员个人身上，采购人员在具体执行中是否制订了作业计划等。

3.控制体系是否完善

在采购计划的执行过程中，由于企业生产经营状况的变化及供应商情况的改变，采购计划的实施情况与采购计划可能会有偏差。因此，应审核在发生偏差时，企业是否能及时得到反馈并采取相应的措施调整和消除偏差，将纠偏措施下达给执行采购计划的部门和个人。

4.执行结果是否达到预期目标

审核实际执行情况与计划的相差程度，分析完成或没有完成计划的原因，进而对整个采购计划的完成情况进行评价，并提出改进的建议。

通过上述对采购计划的审核，企业可以保证采购计划的科学合理性，从而为组织订货从市场中采购各种货物提供依据，并可加强对货物的管理。

关键点提示

企业进行采购计划审核时，需要审核以下几点：

1.编制依据是否科学；2.贯彻措施是否恰当；3.控制体系是否完善；4.执行结果是否达到预期目标。

4.3　如何对采购管理过程进行审核

工作场景描述

当需要对采购管理过程进行审核时，可查看。

解读与分析

在企业制订了采购计划后，采购活动就可以开始付诸实施了。对企业采购管理过程的审核主要涉及以下几个方面。

1.采购权限的划分是否合理

企业采购是采取集中管理还是分散管理，很大程度上取决于企业的整个经营管理体制。如果企业采用的是集中经营管理体制，那么，就有必要对采购进行集中管理。反之，如果企业强调分权和分级核算，则需进行分散管理。不过，因为采购部门更了解市场情况，为了有效地组织开展采购业务，即使在分散管理体制下，企业也需要进行某种形式的集中管理，重点审核是否存在用料部门直接办理进货业务和用备用金等款项自行采购的现象。

2.紧急采购现象是否频繁

在一般情况下，即使用料部门自己选择了供应商，也应到采购部门办理手续，并经采购部门审批方能采购，否则将会出现业务失控。

紧急采购通常会使采购价格偏高，造成成本上升，从而给企业带来经济损失。采购部门应尽量控制紧急采购，并尽量压低其采购数量。当然，有些紧急采购，如设备突然发生故障，客户送来紧急订单等情况，是难以避免的，但多数的紧急采购是由工作疏忽或计划不周造成的。如果经常出现紧急采购现象，应重新审视采购计划并找出原因。

3.采购费用控制是否严格

企业需定期对采购人员进行职业道德教育。

采购人员不应仅着眼于选购价格最低的物料，还应考虑质量等因素；应了解物料的性能和用途以及它们在产品中的作用，并对其进行价值分析；应探索在不影响产品质量的前提下，是否可以通过改变物料、改进生产工序来降低成本。

4.业务控制措施是否恰当

在采购过程中，供应商为了推销它们的产品，会利用多种手段去讨好采购人员。某些采购人员在得到好处后，会有意偏袒某些供应商而无视企业的利益，购进企业不需要或质量低劣的物料。因此，应审核企业是否对采购人员规定了严格的纪律制度，在平时的采购过程中是否做了定期检查。

5.采购活动是否规范、有效率

（1）所有采购活动是否经过审批？

（2）采购业务的部门分工是否合理？能否起到相互牵制和监督的作用？

（3）采购业务的各项内部控制制度的实际执行情况如何？提出加强对各业务环节进行控制的建议。

（4）采购业务效率如何？是否有延误的情况？

（5）采购业务的各项记录和原始凭证是否健全？是否完整？

（6）供应商的生产状况是否正常？是否有充分的供应能力？

（7）采购部门是否采用一定的方式对供应商的财务状况和信用状况进行了调查？

（8）采购部门对供应商的产品价格和产品质量是否进行过分析和评价？有无记录存档？

（9）采购部门在发展新的供应商、拓展货源渠道方面做了哪些努力？有无效果？

（10）企业采购人员与供应商有无不正当的关系？

企业对上述采购管理活动进行审核，可以保证采购活动的规范性和有效性，使企业的采购活动顺利进行。

关键点提示

企业对采购管理过程进行审核时，主要涉及以下几方面：

1.采购权限的划分是否合理；2.紧急采购现象是否频繁；3.采购费用控制是否严格；4.业务控制措施是否恰当；5.采购活动是否规范、有效率。

4.4 如何对采购方式进行审核

工作场景描述

当要审核采购方式是否合理时，可查看。

解读与分析

为降低采购成本和提高采购效率，企业需对采购方式进行审核。具体而言，对采购方式的审核主要涉及以下几点。

1.采购方式的选择是否恰当

不同的货物类别对应不同的采购方式。一般来说，对于消耗量很大但金额很少的货物，可采用总指订货单法进行采购，从而获得价格折扣；对于零星物料消耗，一般用现金直接采购；对于重点控制的货物，需签订供货合同，根据合同进行订购。企业应重点审核采购部门是否根据货物类型来选择最合适的采购方式。

总指订货单是指定期结算的可以进行数量累计的订货单。当库存消耗到一定数量时，由采购部门直接向供应商发出总指订货单请购货物，供应商定期开出账单，并附上所有请购单和带有收据的运单，定期进行结算。

2.重要货物采购的竞价方式是否正确

重要货物采购一般具有金额大、订货次数少等特点，采购这类物品时最重要的是选择一家信誉好、价格低、售后服务好的供应商。对于所选的供应商，企业可通过竞价方式进行比较，辨别其好坏。企业应重点审核采购部门是否就重要的采购项目实行竞价，是否事先详细了解了相关供应商的信誉、履约能力、售后服务质量、生产能力等情况，是否选择了最低报价的供应商，是否得到了企业最高管理人员的审核和批准，是否保存了供应商的采购历史档案等。

3.订货方式是否合适

企业选择了供应商之后，就应对订货方式进行选择。商品的订货方式一般有两种。一种是定期订货，即订货时间固定而订货批量不固定的订货方式。此种订货方式对库存量的控制比较严格，在每次订购时都要检查实际库存，并对订购量做出调整，既保证了产需衔接，又避免了物资超储，从而减少流动资金占用。对于消耗量小、金额大的物品，需要严格控制其库存，比较适合采用定期订货的方式。另一种是定量订货，即订购时间不固定而订购批量固定的订货方式。消耗量大、金额小的物品可采用这一方式。根据企业的生产特点和物料的消耗情况，审核是否选择了合适的订货方式。

定期订货是一种基于时间的订货方法，而定量订货是一种基于数量的订货方法。定期订货适用于签订定期订货合同，定量订货适用于签订一次性、协议性合同或向市场订货的情况。

对采购方式进行审查，可以保证企业根据货物具体的类别进行分类控制，从而减少甚至杜绝采购过程中的漏洞，提高采购工作的效率。

关键点提示

企业对采购方式进行审核时，主要涉及以下方面：

1.采购方式的选择是否恰当；2.重要货物采购的竞价方式是否正确；3.订货方式是否合适。

4.5 如何对采购合同进行审核

工作场景描述

当要对采购合同进行审核时，可查看。

解读与分析

为了使采购活动顺畅进行，企业需对采购合同进行审核。具体而言，对采购合同的审核主要涉及以下几点。

1.供应商的信誉及履约能力

在合同签订之前，企业应对的供应商的信誉（如市场经营风格和企业形象，售后服务情况，用户对产品的普遍反映，产品交货的及时性、可靠性）、履约能力（如供应商的设计开发能力、加工制造能力、生产管理水平）、资信能力、生产作业环境、运输条件等方面进行调查，以保证企业采购到质量好、符合使用要求并能按时运达的货物，避免风险性损失的发生。

如果是在合同签订后才审核采购合同，企业应抽取一些重要的采购合同，检查或询问采购部门的有关人员是否充分了解供应商的上述情况，是否采取了相应的措施。

2.采购合同的经济性与效益性

企业通过市场调查，搜集所采购物品的价格、质量方面的信息，分析比较采购合同价格水平的高低，寻求供货价格低、质量较高、服务周到的供应商，并审核采购合同是否与生产批次合拍，有无积压或脱节现象。企业还要对采购合同中的采购价格水平、采购批次、经济合理性进行审核，抵制各种不合理的采购合同，以维护企业的经济利益。

3.采购合同条款的合法性与严密性

一般来说，在采购标的物有几家供应商都可供货的情况下，大宗采购需采用招标的方式。

（1）审核采购合同标的物是否明确，内容是否符合国家有关政策法规。

（2）审核采购合同的各种数量标准，控制采购合同供货数量与期限，减少货物库存量和资金占用额。

（3）明确双方的违约责任，提高、增强采购合同的约束力和严肃性，以保证合同的履约率。

（4）审核双方权利和义务关系的对等性，如质量标准、技术条件、技术要求、验收方法、付款方式与期限以及运输中的责任等。

（5）审核双方意见表达是否准确全面，有无理解上的偏差，合同中有无含糊不清、模棱两可的措辞。

4.采购合同履约的全面性

采购合同签订之后，企业需加强对合同执行过程的检查，掌握采购合同的执行动态，及时发现执行过程中发生的各种纠纷并核对事实，根据有关规定分析研究，提出处理意见和措施，及时处理合同纠纷，维护采购合同的严肃性。

企业应特别注意审查发现采购价格远低于市场价格，但物品质量低下的情况。

企业对上述几方面进行跟踪审查，可以提早发现在合同签订和履行过程中的不安全因素，从而保证采购活动在合同的规范下顺利进行。

关键点提示

企业对采购合同进行审核时，需要做到以下各点：

1.供应商的信誉及履约能力；2.采购合同的经济性与效益性；3.采购合同条款的合法性与严密性；4.采购合同履约的全面性。

4.6　如何对应付账款进行审核

工作场景描述

当要审核应付账款是否有差错时，可查看。

解读与分析

应付账款业务是随着企业赊购交易的发生而产生的，由此带来了一定的风险。为了最大限度地减少损失，企业应结合采购业务对应付账款进行审核。在应付账款的审核过程中，主要审核以下内容。

1.应付账款的内部控制制度

（1）审核企业是否建立了应付账款的职责分工制度。企业的采购、验收、应付账款记账以及现金或银行存款支付，应由不同部门或不同人员独立办理，以保证应付账款来自经过核准的采购业务。

（2）审核企业是否建立了应付账款的登记簿管理制度。对于供货发票和服务账单等应付账款的主要原始凭证，企业必须根据收到日期和折扣条件分别登记和存放，逐日调整待付和已付发票，并据以登记应付账款账户。

（3）审核企业是否建立了应付账款明细账和总账定期核对制度。明细账与总账所记录业务的付款额应一致，以确保记录的准确性。

2.应付账款的实有数

（1）审核应付账款明细试算表，并与总分账核对。企业需审核应付账款明细试算表上的数值计算是否正确；审核应付账款的分类是否正确，是否包含不应记入的负债；审核有无过期但仍未支付的款项。

（2）审核应付账款明细账。企业需抽取其中一部分账户，核对其是否与原始凭证以及现金日记账、银行存款日记账和购货日记账有关登记项目相符。

（3）调查应付账款。企业需根据决算日应付账款明细账的余额，对余额较大的供应商和虽然余额不大但非常重要的供应商进行重点调查，看是否与企业相应应付账款相符。

3.应付账款业务的真实性与合法性

（1）审核应付账款的合理性、规范性。企业需审核商品材料采购是否合理，结算手续和账务处理是否符合银行结算、信贷和财务管理制度的规定。

（2）审核应付账款会计处理和计算的正确性。企业需审核有关应付账款的账簿记录或明细试算表和原始凭证、记账凭证是否相符，应付账款的会计处理是否正确，计算有无差错，凭证的附件是否齐全。

（3）审核现金折扣处理的合理性、规范性。企业应审查有关人员在现金折扣期限内是否按发票原价支付货款，企业是否丧失了本应获得的折扣。

现金折扣是供应商为了尽早收回账款而在一定的还款期内给予采购企业的折扣优惠。如果企业的现金折扣单独记账，可以通过计算当期所获现金折扣与购货金额的比例，与以前各期相比较的方法审核现金折扣的合理性。

（4）审核应付账款的完整性。企业应对在决算日收到但尚未处理的购货发票及虽未收到发票但已到达企业的物料等进行审查，查明这些发票及到货是否按会计制度登记入账；对决算日后企业收到的发票，应查明这些发票中是否有应在决算日前记入应付账款的。

关键点提示

企业对应付账款进行审核时需要审核以下内容：

1.应付账款的内部控制制度；2.应付账款的实有数；3.应付账款业务的真实性与合法性。

4.7　如何对供应商的产品质量进行控制

工作场景描述

当需要对供应商的产品质量实施控制时，可查看。

解读与分析

为了保证采购商品的质量，采购方应采取有效措施，对供应商的产品质量实施必要的控制。具体控制的方法有以下几种。

1.向供应商派常驻代表或派驻组

为了直接掌握拟购商品质量状况，采购方可向供应商派常驻代表，向供应商提出具体的产品质量要求，并了解该厂商质量管理的有关情况，如质量管理机构的设置，质量体系的建立与实施，对出厂前最终检验和试验进行监督，对供应商出具的质量证明材料进行核实，从而可以起到在生产过程中进行质量把关的作用。对具有长期稳定的业务联系，建立了固定购销关系，采购批量大，产品技术性强、质量要求严格的供应商，采购方还可派出派驻组常驻，对产品质量进行全程、全面的检查和监督，并且监督买卖合同的全面执行，保证生产、发货及时，以满足已方的各方面要求。同时派驻组还可以向供应商反映已购产品在使用中的问题和新的要求，促使供应商改进和提高产品质量并不断开发已方所需要的新产品。

2.定期或不定期对供应商进行监督检查

在采购方与供应商未建立固定的购销关系，且采购批量较小，对产品质量无特殊要求的情况下，采购方可根据实际情况派技术人员到供应商处进行监督检查。这种监督检查可以是定期的，也可以是不定期的，主要监督检查双方买卖合同的执行情况和拟购产品的质量情况。在生产前，主要是监督检查原材料和外购件的质量情况；在生产中，主要是监督检查各工序半成品的质量状况；在生产后，主要是监督检查产成品的检验、试验及包装情况。

3.及时掌握供应商生产状况的变化

内外部环境发生变化，供应商的生产状况也会随之变化。采购方应及时掌握其变化情况，对生产中发生的一些重大变化，要求供应商及时报告。产品设计或结构上的重大变化、制造工艺上的重大变化、检验和试验设备及规程方面的重大变化等，供应商都应主动向采购方说明情况。采购方接到报告后，要认真分析情况，必要时到供应商处直接调查了解，弄清这些变化对产品质量的影响。

在多数情况下，供应商变更产品设计，采用新材料、新设备、新工艺，是为了提高产品质量和生产效率，对保证产品质量是有益的。但是也必须注意到，任何改变都有一个适应的过程，在变更的初始阶段，容易造成产品质量的不稳定。这就需要供需双方加强最终检验和试验把关的力度。

4.为供应商提供管理和技术方面的帮助

要特别注意关键工序或特殊工序，采购方须对其进行重点监督检查。

供应商的管理水平和技术水平是影响产品质量的主要因素。为了有效地控制采购商品的质量，采购方应主动地帮助那些管理水平较低，产品质量不高或不稳定，而其产品又为社会所必需的供应商提高管理（特别是质量管理）水平和技术水平，增强质量保证能力。

对供应商的帮助可以是多方面的。如以提高产品质量为中心，帮助供应商组织有关人员进行技术培训，进行设备的技术改造，实现检验和试验的标准化、规范化，贯彻

ISO 9000系列标准，争取质量体系认证等。

采购方给予供应商一定的帮助，不仅对供应商有利，对自己也有利。通过为供应商提供各种形式的帮助，对其进行监督和控制，企业的产品质量可得到改善和提高，从而从源头上保证了所采购产品的质量。

一般情况下，中小型企业、乡镇企业、边远地区和少数民族地区的企业的管理水平较低，产品质量不高，采购方应对此类供应商进行重点帮助。

关键点提示

采购方控制供应商的产品质量的方法有以下几种：

1.向供应商派常驻代表或派驻组；2.定期或不定期对供应商进行监督检查；3.及时掌握供应商生产状况的变化；4.为供应商提供管理和技术方面的帮助。

4.8　如何对采购和付款业务循环进行控制

工作场景描述

当想要预防或纠正采购和付款业务循环中的差错而对其进行控制时，可查看。

解读与分析

采购和付款业务循环是指从提出采购申请、填制请购单开始到企业支付价款结束这一期间，为生产经营的正常进行而获取商品和劳务所必需的决策和处理过程。

为了预防或纠正采购和付款业务的错误，企业需对采购和付款业务循环进行控制，常采取以下措施。

1.职责分工

在采购和付款业务循环中，企业为保证所采购的物品确实为企业所需并符合企业的利益，并且所收到的商品完整、安全，支付价款及时、准确，应对采购与付款业务循环的职责进行分工。

（1）提出采购申请与批准采购申请职责相互独立，以便企业加强对采购的控制。

（2）批准请购的部门与采购部门相互独立，以防止采购部门购入过量或不必要商品而损害企业整体利益。

（3）验收部门与会计部门相互独立，以保证按真实收到的商品数额登记入账。

（4）应付账款记账员不能接触现金、有价证券和其他资产，以保证应付账款记录的真实性、正确性。

（5）支票的签字和应付账款的记账相互独立，以保证按所欠卖方价款的真实金额按时签发支票。

（6）内部检查与相关的执行和记录工作相互独立，以保证内部检查的独立性和有效性。

2.信息传递程序控制

建立健全与采购和付款业务循环相关的内部控制程序，对与此循环相关的信息传递程序实施严格有效的控制，主要包括以下几个方面。

（1）授权程序。有效的内部控制要求采购和付款业务循环的各个环节都要经过适当的授权批准才能运行，如：在企业内部建立分级采购批准制度；只有经过被授权人批准才能提出采购申请；采购申请必须经独立于采购和使用部门以外的被授权人批准；签发支票要经过被授权人的签字批准等。这样可以防止采购部门采购过量或不必要的商品，为谋取回扣等个人私利而牺牲企业整体利益的行为出现，保证购货款以真实金额向特定债权人及时支付。

（2）文件和记录的使用。为了满足企业审批、财产保管以及便于记录的要求，企业要合理地设计和使用各种文件和记录，具体要求包括：关键性文件，如订单、验收单、付款单、支票等都要预先编号；对于连续编号的关键性文件，要由经手人员按编号存档，并由独立人员定期检查存档文件的连续性；订单中要包括足够的栏目和空间；尽量全面详细地标明订货要求，以减少订货中的遗漏或造成卖方误解；设立付款凭单制，以付款凭单为支付货款的依据，加强对企业支付采购价款的控制等。

（3）独立检查。企业在采购和付款业务循环外，还应当实施一些独立检查，防止各环节发生疏忽，同时也有利于及时消除采购和付款业务中出现连续作弊的风险。这些独立检查主要有：对发票、验收单、订单和请购单进行独立的内部检查，以确定实际收到的商品品种、数量、价格等确实符合订购要求，与实际情况一致；对于每笔采购业务，都要在收到商品或卖方发票时，检查是否及时记入采购日记账和应付账款明细账，并且定期进行核对；检查付款凭单各项目的填制是否与卖方发票中一致；检查是否为已编制付款凭单的各项付款业务及时开具了支票或以其他方式进行了付款，防止延期支付；签发支票或办理其他付款手续前应由相关被授权人员检查相关各种凭证的内容是否一致；定期检查采购日记账与总账。

在采购和付款业务循环内部控制中主要使用以下文件：请购单、订单、验收单、买方发票、借款通知单、付款凭单、应付账款明细分类账、卖方对账单等。

3.实物控制

采购和付款业务循环中的实物控制包括两个方面的内容：一是加强对已验收入库商品实物的控制，限制非授权人员接近存货，防止出现错用和盗窃，同时加强对发生退货的实物的控制，任何货物的退回都要有经过审批的合法凭证；另一方面，限制非授权人员接近各种记录和文件，防止其伪造和篡改会计资料。应特别注意对支票的实物控制，如应保证已签字支票由签字人本人寄送，核准或处理付款的人员不得接触；对未签发的支票，应予以安全保管；对作废支票，应予以注销或另加控制等。

企业对采购和付款业务循环进行控制，使其在实际操作过程中的操作更加透明，循环更加顺畅，可保证相关业务的顺利实施。

关键点提示

企业控制采购和付款业务循环的措施有：

1.职责分工；2.信息传递程序控制；3.实物控制。

4.9 如何防止暗箱操作

工作场景描述

当想要采取措施防止暗箱操作时，可查看。

解读与分析

1.三分一统

“三分”是指市场采购权、价格控制权、质量验收权三权分立，互不越位。“一统”是指对合同的签订进行统一管理。物料管理人员、化验人员和财务人员都不能够与客户见面，实行严格的封闭式管理。财务部依据合同规定的质量标准，对照化验单和数量测量结果，认真核算后付款。这样就可以形成一个以财务管理为核心，以降低成本为最终目的的制约机制。

2.三统一分

“三统”是指对所有外购材料统一采购验收，统一审核结算，统一转账付款；“一分”则是指费用要分开控制。只有实行统一采购，统一管理，才能保证需要，弥补漏洞，保证质量，降低价格。各部门和分厂对费用超支负责并有权享受节约所带来的收益，有权决定采购计划和采购项目。这样，物资采购管理部门和使用单位自然形成了一种以减少支出为基础的相互制约的机制。

3.三公开、两必须

“三公开”是指采购品种、数量和质量指标公开，参与供货的供应商和价格竞争程序公开，采购完成后的结果公开；“两必须”是指相关人员必须在货比三家后采购，必须按程序、按法律法规要求签订采购合同。

4.五到位、一到底

“五到位”是指所采购的每一笔物资都必须由五方在凭证上签字，只有这样，才被视为手续齐全，报销入账。进行签字的五方为采购人、验收人、证明人、批准人和财务审核人。“一到底”就是谁采购谁负责并且要一包到底，价格、质量、使用效果等都要记录在案，以便发现问题时能及时处理。

5.全过程、全方位监督

全过程监督需要重点控制四个环节：制订计划、签订合同、质量验收和结账付款。对计划制订过程进行监督，可保证计划的合理性和准确性，使其按正常程序进行；对合同签订过程进行监督，可保证合同的合法性和公平性，使合同能够有效运行；对质量验收过程进行监督，可保证验收过程的透明度，使每一个入库的产品都符合要求；对付款结账过程进行监督，可确保付款操作按程序、按合同进行。企业对采购活动进行全方位（行政监察、财务审计、制度考核）的监督，可以形成严密的监督网，确保采购活动的规范运作和企业利益的合理实现。

企业对采购活动全过程进行严格完备的控制，不仅可以降低企业的物资采购成本，提高物资采购质量，还可以保证采购人员廉洁奉公，从而最大化地实现企业的利益。

关键点提示

企业防止暗箱操作的措施有：

1.三分一统；2.三统一分；3.三公开、两必须；4.五到位、一到底；5.全过程、全方位监督。

第5章

供应商管理常见问题

对于企业采购来说，最怕的就是找错供应商。如果供应商选择不当，不管价格如何便宜，日后难免会出现很多问题。要找对供应商，首先必须扩大供应商的来源，然后从中选择最适合的供应商，使其为企业提供合适的产品和优质的服务，确保企业生产运作的顺利进行。因此，供应商的开发与选择已成为采购实施过程中非常重要的一项工作。

5.1　如何对供应商进行调查

工作场景描述

当需要对供应商的有关情况进行了解时，可查看。

解读与分析

供应商开发的首要工作，就是要了解供应商。采购方要想了解供应商的情况，就需对供应商进行调查。对供应商的调查，在不同的阶段有不同的要求，一般分为三个阶段：一是对资源市场进行调查；二是对供应商进行初步调查；三是对供应商进行深入调查。具体步骤如下。

1.对资源市场进行调查

企业针对所采购的商品或服务，系统地对资源市场进行调查，目的是通过调查，对供应商整体情况进行把握。这一阶段需要调查的内容如下。

（1）资源市场的规模、容量、性质，如资源市场究竟有多大范围，资源量有多少，需求量有多少，是卖方市场还是买方市场，是完全竞争市场还是垄断市场，是新兴成长的市场还是陈旧没落的市场等。

（2）资源市场的环境，如市场的管理制度、规范化程度，经济环境，政治环境等如何，市场的发展前景怎样。

（3）资源市场总的水平要通过对众多供应商的调查资料进行分析后得出，如资源市场的生产能力、技术水平、管理水平、可供资源量、质量水平、价格水平、需求状况以及竞争性质等。

2.对供应商进行初步调查

对供应商进行初步调查，是指采购方对供应商的名称，地址，生产能力，所能提供产品的品种、数量、价格、质量及其所占有的市场份额，运输进货条件等基本情况进行调查。企业一般可以采用访问调查法，通过访问供应商市场部有关人员、有关市场主管或者其他知情人士获得信息。

采购方可通过访问建立起供应商卡片（表5-1），也可以做成调查表的形式，由供应商填写。

表5-1　供应商卡片

<table>
<tr><td rowspan="6">公司基本情况</td><td>名称</td><td colspan="5"></td></tr>
<tr><td>地址</td><td colspan="5"></td></tr>
<tr><td>营业执照</td><td colspan="2"></td><td>注册资本</td><td colspan="2"></td></tr>
<tr><td>联系人</td><td colspan="2"></td><td>部门、职务</td><td colspan="2"></td></tr>
<tr><td>电话</td><td colspan="2"></td><td>传真</td><td colspan="2"></td></tr>
<tr><td>邮箱</td><td colspan="2"></td><td>信用度</td><td colspan="2"></td></tr>
<tr><td rowspan="2">产品情况</td><td>产品名</td><td>规格</td><td>价格</td><td>质量</td><td>可供量</td><td>市场份额</td></tr>
<tr><td></td><td></td><td></td><td></td><td></td><td></td></tr>
<tr><td>运输方式</td><td></td><td>运输时间</td><td></td><td>运输费用</td><td colspan="2"></td></tr>
<tr><td>备注</td><td colspan="6"></td></tr>
</table>

采购方在对供应商进行初步调查的基础上，利用初步调查的资料进行分析，比较各个供应商的优势和劣势，选择符合需要的供应商，具体需进行以下分析。

（1）产品的品种、规格和质量水平是否符合企业的需要？价格水平如何？

（2）供应商的实力、规模如何？产品的生产能力、技术水平如何？供应商的管理水平、信用度如何？供应商的信用度，是指供应商对客户、对银行等的诚信程度，表现为供应商对自己的承诺和义务履行的程度，特别是对产品质量、交货时间、往来账目处理等方面责任和义务的履行程度。

（3）产品是竞争性产品还是垄断性产品？如果是竞争性产品，则供应商的竞争态势如何？产品销售情况如何？市场份额如何？产品的价格水平是否合适？

（4）供应商相对于本企业的地理交通情况如何？进行运输方式分析、运输时间分析、运输费用分析，以判断运输成本是否合适。

3.对供应商进行深入调查

对供应商进行深入调查，是指采购方经过初步调查后，对准备将之发展成为自己供应商的企业进行更加深入仔细的考查，也就是深入到供应商的生产线、生产工艺、质量检验环节甚至管理部门，对其现有的设备工艺、生产技术、管理水平等进行考察，看供应商所提供的产品能不能满足企业的要求。有时供应商甚至要根据所采购的产品的生产要求，进行资源重组、样品试制，试制成功后，才算考查合格。企业只有通过深入的供应商调查，才能发现可靠的供应商，建立起比较稳定的采购物资供需关系。

进行深入的供应商调查，采购方需要花费较多的时间和精力，成本较高，一般只在准备与供应商发展成紧密关系或寻找关键零部件产品供应商的情况下才需要进行这种调查。

通过上述对供应商的调查，采购方可以了解供应商的基本情况，为今后与供应商长期稳定合作打下良好的基础。

关键点提示

采购方对供应商进行调查的步骤有：

1.对资源市场进行调查；2.对供应商进行初步调查；3.对供应商进行深入调查。

5.2 如何寻找潜在供应商

工作场景描述

当不知如何找到潜在供应商时，可查看。

解读与分析

供应商的开发与选择对企业的采购工作具有非常重要的影响，因此，采购方应利用多种渠道去寻找潜在供应商，主要有如下几种。

1.出版物

国际国内大量的出版物可随时随地为采购方提供信息，比较典型的有：综合工商目录、国别工商目录、产品工商目录以及贸易和商业刊物。

贸易和商业刊物，特别是某个行业的期刊，可能会在世界范围或某一国家或地区范围内就本行业诸如供给与需求、技术改造等综合问题及一些与评估供应商生产能力有关的问题发布大量实用的信息。

2.行业协会

行业协会也是收集潜在供应商重要信息的渠道。一个国家的大多数工商企业都是行业协会的会员，采购方可以通过这些组织获得大量实用的有关供应商的资料。

3.专业化商业信息服务机构

一些非常著名的商业信息服务机构专门从事商业调查，并保存那些知名制造商的资料。采购方可以有偿地从这些机构取得有关供应商技术、管理、财务或其他方面的年度报告。

4.商业银行

商业银行也是获得供应商信息的重要渠道，但是通过银行取得供应商财务状况和资信等级等资料有些困难。供应商可能会授意其开户银行向采购方出具无争议证书。所以利用这条渠道时，一定要选择信誉可靠的银行，或与己方已有业务往来的银行。需要注意的是，一般在合同金额大或所采购产品技术性能复杂的采购中才会使用商业银行这一调查渠道。

通过对这些渠道的了解和恰当运用，企业可以尽快地寻找到符合需要的潜在供应商。

关键点提示

采购方寻找潜在供应商的渠道主要有：

1.出版物；2.行业协会；3.专业化商业信息服务机构；4.商业银行。

5.3 如何对潜在供应商进行资格审核

工作场景描述

当要对潜在供应商进行资格审核时，可查看。

解读与分析

一般来说，对供应商的资格审核主要集中在两方面：一方面是对有采购意愿的所有供应商进行审核；另一方面是对金额较大、技术要求复杂的招标项目进行资格初审。前者通常要求供应商提供基本资料，“门槛”较低；后者需对其技术能力、融资能力以及履约能力进行审查，“门槛”较高。这两种审核有时是并行的，有时是兼容的，需要依据企业采购活动的具体情况而定。

国际上的供应商审核标准主要包括以下几个方面的内容：供应商是否合法注册、合法纳税并具有完成采购项目所需要的充足资金来源，或是否具有获得这种资金的能力；是否具备必要的组织、生产或销售经验，财会与专业技术；是否具有良好的商业行为记录、良好的合同履行史以及依照合约交货的能力。

针对潜在供应商的资格审核，可归纳为以下五个方面。

1.营业执照

营业执照是企业生产、经营的许可证。营业执照中核定的经营范围是审核的重点，主营业务归属于哪类，获准进入采购市场的供应商就应定位为哪类。这有利于集中发挥供应商的竞争优势，规范供应商的非市场化行为。

2.税务登记证

任何一家正规注册的企业都要到相关部门办理税务登记，因此，一个合法的企业应当拥有税务登记证。

3.企业简介

企业简介是对企业基本情况的介绍和宣传，包括企业生产经营内容、企业员工构成、企业业绩等。有些企业在寻找供应商时，会要求其列举几项大宗业务，客观上容易限制新成立的供应商进入采购市场，所以企业在寻找供应商时，不宜明确提出此类要求。

4.行业许可资质

我国目前在许多行业推行准入制度，不同行业有不同行业的要求。考核企业是否具备相关资质是政府管理市场、规范企业市场行为的通行做法；对市场内某些活动的准入性审批，是政府对市场不易解决或关乎国计民生的资源配置进行调控的手段。

5.社会中介机构出具的验资或审计报告

采购部门对供应商的资信、财务状况等情况不可能全面、广泛地了解和掌握，应借助社会中介机构的力量对潜在供应商的会计报表进行独立审查，客观全面地反映其最新年度的经营状况。

对潜在供应商的资格进行审核，可以筛选掉不符合要求的供应商，有利于企业选出一批合格供应商，建立规范的供应商资料库，提高采购工作效率，降低采购成本。

关键点提示

采购方对潜在供应商需进行下列资格审核：

1.营业执照；2.税务登记证；3.企业简介；4.行业许可资质；5.社会中介机构出具的验资或审计报告。

5.4 如何分析评估潜在供应商

工作场景描述

当要对所寻找的潜在供应商进行分析评估时，可查看。

解读与分析

对于潜在供应商，采购方没有能够证明该供应商业绩的资料，因此，对其评价主要集中在技术水平、制造条件和售后服务、财务状况、管理能力等条件上。

1.技术水平

各个条件在评价过程中所占的比重依采购商品的复杂程度而定。一般而言，采购的金额越大，采购商品的技术性能越复杂，就越需要采购方对潜在的供应商进行细致、深入的评定。

对供应商技术水平的评价主要是看其所提供的产品能否在质量上达到采购方的要求。产品质量在很大程度上取决于制造技术、原材料和设备质量。

采购方需充分调查供应商的技术能力，确保采购商品的质量。采购方可以组建由采购、设计、生产制造、财务等部门人员组成的专家小组，就潜在供应商的技术水平进行案头调研或实地查访。其中，通过案头调研收集供应商的技术资料时，可以利用供应商调查表（表5-2）来进行。

表5-2　供应商调查表

<table>
<tr><td colspan="4">供应商名称：
总部地址：
工厂地址：</td></tr>
<tr><td colspan="4">联系人姓名、职务、电话：</td></tr>
<tr><td>成立时间</td><td></td><td>所在国</td><td></td></tr>
<tr><td colspan="4">企业主要负责人、职务、电话</td></tr>
<tr><td colspan="4">1.
2.
3.</td></tr>
<tr><td colspan="4">工厂负责人（请列出设计部、生产制造部、质量管理部主要经理）
1.
2.
3.</td></tr>
<tr><td>主要产品</td><td>年份</td><td>近三年生产能力</td><td>近三年产量</td></tr>
<tr><td>1.</td><td></td><td></td><td></td></tr>
<tr><td>2.</td><td></td><td></td><td></td></tr>
<tr><td>3.</td><td></td><td></td><td></td></tr>
<tr><td>主要客户</td><td>采购商品</td><td colspan="2">上一次采购日期</td></tr>
<tr><td>1.</td><td></td><td colspan="2"></td></tr>
<tr><td>2.</td><td></td><td colspan="2"></td></tr>
<tr><td>3.</td><td></td><td colspan="2"></td></tr>
<tr><td colspan="4">请列明资信查询机构名称及地址</td></tr>
</table>

而实地查访就是由采购方派人员到潜在供应商的工厂进行实地观察和访问。利用这种方式可以获得更为真实可靠的资料，但费用较高，尤其当供需双方距离较远时。但对于大型的仪器设备或金额巨大的重要采购，实地查访是必要的。

2.制造条件和售后服务

为满足己方对采购商品数量、质量和交货期的要求，采购方一般会要求供应商具备与己方采购规模相配套的生产制造设备。如果设备陈旧，经常出现故障，会中断生产而拖延交货，更为严重的是会影响产品的质量。评价潜在供应商生产、制造能力的方法和技巧与评价其技术水平时使用的方法和技巧相同。不论采用什么评价方法，都要保证采购方能够对供应商的能力进行全面的评价。

生产、制造设施不是保证供应商履约的充要条件，只是必要条件。随着生产的复杂化和产品科技含量的提高，很多产品或设备投入使用后，需要供应商提供完整的售后服务。因此，售后服务也就构成了采购方评价潜在供应商的条件之一。从售后服务的角度讲，供应商的地理位置对采购方而言非常重要。采购方应优先选择距离近的、拥有完善售后服务系统的供应商。

3.财务状况

供应商的财务状况是衡量其能否成为采购方未来合作伙伴的关键因素之一。财力薄弱意味着供应商在安排生产和交货方面有一定难度，因此，采购方需加强对潜在供应商资信方面的审查。采购方可从供应商每年公布的年度报告中了解其资产、负债、利润、亏损等情况，并通过分析，了解供应商的清偿能力、资金周转率和利润情况。

4.管理能力

管理能力的高低是判断一个企业经营成功与否的重要标准之一。特别是在采购金额巨大、产品性能复杂的情况下，对供应商管理能力的评价就更为重要了。采购方可通过分析其长期营业额和利润记录，分析潜在供应商的管理系统和管理方式，或通过供应商现有的人员水平来判断该供应商的管理能力。

对潜在供应商以上四种条件进行分析、评估，可以使采购方选出最为优秀的供应商为其服务。

关键点提示

采购方对潜在供应商的分析评估涉及以下几方面内容：

1.技术水平；2.制造条件和售后服务；3.财务状况；4.管理能力。

5.5　如何分析评价现有供应商

工作场景描述

当要对现有供应商进行分析评价时，可查看。

解读与分析

分析评价供应商主要是全方位调查、收集有关供应商的生产运作等信息，确定供应商评估过程中要考虑的因素。在实施评估的过程中，由于市场需求不断发生变化，因此，采购方需要根据实际情况的变化及时修改供应商的评价标准，或选择新的评价标准。一般而言，对现有供应商的评估需主要考虑以下因素。

1.价格因素

价格因素是采购方评估供应商时需考虑的最基本的因素，主要包括供应商所供给的原材料、初级产品或消费品的价格。供应商的产品价格决定了采购方的成本、利润大小和相关项目的投入产出比。因此，能否以较低的价格采购到所需要的产品对于采购方很重要。

2.质量因素

质量是产品供应的关键。如果质量低劣，会影响采购方生产质量，使其产品缺乏市场竞争力，最终被市场淘汰。一个企业要想生存和发展，提供符合质量要求的产品和服务已经成为最基本的前提条件。供货质量是影响采购方产品质量高低的一个重要因素，采购方需要加以重视。

3.交货提前期因素

交货提前期的存在，必然会造成各级库存变化滞后并产生库存逐级放大效应，使企业的库存增加，占用大量的资金。交货提前期越短，库存量的波动就越小，企业对市场的反应速度就会越快，就越能生产出适销对路的产品，获得的收益越大。

4.交货准时性因素

准时交货是指供应商按照采购方的要求，将采购方所订购的产品准时送到指定地点的行为。

供应商的交货准时性差，会影响采购方的生产计划和产品销售时机，产生大量的浪费。为了降低库存，许多企业实行即时生产（JIT），在这种生产方式下，供应商交货的准时性就显得更为重要了。

5.品种柔性因素

在全球竞争加剧、产品需求日新月异的环境下，消费者的个性化需求越来越明显，许多企业为了适应消费者多种多样的需求，实行个性化的定制和生产。企业只有提高柔性生产能力，生产多样化的产品，才能适应消费者的个性化需求，提高产品的市场竞争力，而这一切都是以供应商的品种柔性生产能力为基础的。

6.设计能力因素

在市场竞争日益激烈的今天，企业间的合作十分重要。产品的研发和设计不仅仅是采购方分内之事，供应商最好也能承担部分研发和设计工作，以增强供应的灵活性。因此，供应商的设计能力也在考虑的范畴之内。

7.特殊工艺能力因素

每种产品都应具有独特性，没有独特性的产品在市场上的生存能力较弱。而产品的独特性要求采用特殊的生产工艺，所以，供应商要有自己的特殊生产工艺。

8.供应商的信誉

供应商守合同、讲信誉是企业评估时要考虑的重要因素之一。一个供应商信誉较差，企业自然对其能否按时交货心存疑虑。

调查显示，目前我国企业在对供应商进行评估时，几乎所有的企业都考虑了产品的质量因素，约九成企业考虑了价格因素，约七成企业考虑了交货提前期因素。

在对现有供应商进行诸如价格、质量、交货提前期、交货准时性、设计能力、信誉等方面的综合评价后，企业对其能力就有了清楚的了解，为企业与供应商进一步合作奠定了基础。

关键点提示

采购方对现有供应商的评估需要考虑：

1.价格因素；2.质量因素；3.交货提前期因素；4.交货准时性因素；5.品种柔性因素；6.设计能力因素；7.特殊工艺能力因素；8.供应商的信誉。

5.6　如何选择供应商

工作场景描述

当要对供应商进行选择时，可查看。

解读与分析

在完成对潜在供应商和现有供应商的评估后，就开始选择供应商了，选择供应商的步骤如下。

1.进行环境分析

虽然供应商的选择机制是不变的，但在每一阶段所面对的可选供应商是不同的。采购方在选择供应商时，必须进行企业内外环境分析，总结企业存在的问题，同时分析现有供应商和潜在供应商的现状。

企业的内在环境分析主要涉及企业文化、企业的发展阶段、企业的核心竞争力、企业的管理方式、企业的组织架构、企业的技术特性、企业生产产品的市场状况及企业的决策制度和程序等方面，企业的外在环境分析主要涉及相关政策、传统文化、技术的更新、经济的全球化、市场的开放程度、产业竞争行为和竞争程度等方面。

2.制订供应商选择规划

供应商的选择是程序化的，因此，采购方利用供应商选择机制进行供应商选择时，必须从战略角度建立供应商的选择目标和标准，并且这些目标和标准要与企业的长期目标、规划及战略相适应，为企业提高核心竞争力和市场竞争力服务。这就要求企业不仅要确立原则，还应确定选择时机及具体的实施细则。不同的行业和企业对供应商的要求是不同的，应在体现科学性、灵活性、稳定性和特殊性的基础上制订供应商选择规划。

3.组建供应商选择团队

供应商的选择对企业的发展至关重要。企业必须组建一个以合作性和时效性为基础的团队，专门负责供应商的选择。团队成员可以由企业内部的管理、采购、质量、生产、市场、技术等部门和企业外部的市场调研、咨询等相关机构的人员组成。

4.市场调研和数据采集

市场调研和数据采集是选择机制的起始环节。市场调研和数据采集的结果正确与否是供应商选择是否有效和能否准确实施采购计划的关键。采购方应根据供应商的选择机制模型设计出具体可行的市场调研问卷，采用切实可行的调研方式和程序对选择的调研对象进行调研，并将调研数据归类整理。

5.在现有的供应商和潜在的供应商中选择

在现有的供应商和潜在的供应商中选择符合要求的供应商，是供应商选择机制的最后环节。根据现有供应商和潜在供应商的供应能力，按照选择标准，利用所得到的调研数据，对现有的供应商和潜在的供应商进行排序，从中选择最佳的供应商。

通过以上步骤，企业可以选择出合适的供应商并与之建立有效的合作关系，从而满足企业的生产需要。

关键点提示

采购方对供应商进行选择时需要做好下述工作：

1.进行环境分析；2.制订供应商选择规划；3.组建供应商选择团队；4.市场调研和数据采集；5.在现有的供应商和潜在的供应商中选择。

5.7 如何进行完全竞争控制

工作场景描述

当想运用完全竞争的方法对供应商进行控制时，可查看。

解读与分析

完全竞争控制的方法只在买方市场环境下才适用。

许多企业可以对市场信息做出迅速反应，并对自身战略做出相应的调整，而这一切都与供应商息息相关。建立良好的供应商控制体系，对于企业来讲，不仅可以降低采购成本，还可以减少供应商变动可能导致的间接损失。在买方市场环境下，可以通过完全竞争的方法对供应商进行控制。运用此方法时，企业需从以下几点着手。

1.构建买方市场环境

完全竞争的控制方法在卖方垄断的市场上是无法使用的，因为如果供应商实力很强大，将供应方的市场垄断了，就不会因为抢夺订单而做出让步，接受企业的控制。在这种情况下，企业只能是接受者。所以，企业只有靠自己的实力构建买方市场环境，完全竞争控制才是可行的。这时，供应商就会为了获得企业的信赖而与同行进行竞争，从而给企业带来好处。

2.控制成本

对于一个企业来说，降低成本这一思想将贯穿企业经营管理的始终，控制成本是企业生存和发展的决定性因素之一。在完全竞争环境中，企业拥有了更多的讨价还价余地，可以通过提供全面准确的资料，促使供应商在谈判过程中做出一些让步。此外，企业可以为供应商创造一个完全竞争的环境，使其为了取得竞争优势而不断提高产品质量，控制生产成本。

3.信息完全化

市场的完全竞争必然伴随着信息的充分传递。完全竞争控制创造了一个局部的完全竞争市场，也就实现了在这一市场环境中向信息完全化方向的靠近。供应商间的激烈竞争，使价格和信息都趋向于客观透明，从而可以使企业在坐观供应商之间竞争的同时，得到较为全面准确的价格及质量信息，获得一定的好处。

一般来说，运用完全竞争控制主要是控制企业的购货成本及一些因质量控制而发生的成本。

4.完善市场竞争机制

采购方应选择尽可能多的合格供应商，并创造良好的市场竞争环境，让其在公开、公平、公正的市场环境中参与竞争。这时，企业就可以通过完全竞争来控制其上游的供应商。这对于企业追求利润最大化，将是非常有利的。

对供应商进行完全竞争控制，企业可达到降低成本、提高效益的日的。

关键点提示

企业对供应商实施完全竞争控制时，需从以下几点着手：

1.构建买方市场环境；2.控制成本；3.信息完全化；4.完善市场竞争机制。

5.8 如何进行合约控制

工作场景描述

当想运用合约对供应商进行控制时，可查看。

解读与分析

合约控制是企业通过与供应商进行谈判、协商，协调双方的利益，使其达成某种一致，签署框架性协议，而对供应商进行控制的一种方式。

合约控制是一种介于供应商正常交易管理模式和伙伴管理模式之间的供应商控制方法，是以购销双方在今后的具体活动中能更好地履行各自的权利义务的框架协议为基础的一种控制方式。进行合约控制时，企业需从以下几点着手。

1.营造宽松的市场环境

合约控制是一种中性的控制方式，在除卖方垄断以外的市场中都可以应用。因此，采购方应充分利用自己的实力或已有的信息，力争构建一种非卖方垄断的宽松环境，使企业通过合约控制得到非常优厚的条件，从而获得更多的利润。

2.节约生产成本

合约控制所带来的企业在生产成本上的节约和完全竞争控制是不同的。从成本压缩的程度上来看，通过完全竞争控制可以得到较为合理的价格，但并不是最低的。由于市场价格有着周期性或非周期性的波动，因此，企业也会承担或多或少的成本，而合约控制的成本控制程度是相当深的。企业可以凭借自己强大的实力或与供应商的长期合作关系，通过谈判获得低于完全竞争控制带来的价格。

3.加强与供应商的合作

合约控制的一个关键性问题就是企业与供应商关系的建立和维护。如果这种关系不能够得以维持的话，对于企业和供应商来说，都是一种损失。因此，企业如果希望通过合约控制来达到控制供应商的目的，就必须与一些优秀的供应商建立良好的关系，并在合约控制过程中对双方的利益和关系进行积极的维护，实现有效的控制。

对供应商进行合约控制，加强同供应商的合作，可以使企业达到降低成本的目的。

关键点提示

企业对供应商进行合约控制时，需从以下几方面着手：

1.营造宽松的市场环境；2.节约生产成本；3.加强与供应商的合作。

5.9　如何防止被供应商控制

工作场景描述

当企业正处于被供应商控制的尴尬境地时，可查看。

解读与分析

许多企业在采购某些重要材料时过分依赖一家供应商，使得供应商占据主动地位，左右采购价格，采购方处在进退维谷的两难境地。尽管从表面上看来，采购方已无计可施，但认真分析后，采购方仍可能找到一些行之有效的措施，变被动为主动，争取到自己应得的利益。具体有以下几种措施。

1.再找一家供应商

独家供应有两种情况：一是供应商有多家，但只向其中一家采购；另一种是仅有一家供应商。对于前一种情况，只要多找几家供应商，由一家供应变成多家供应，造成卖方间的竞争，自然会限制供应商随意抬高价格；对于后一种情况，企业可以通过开发新的供应商或替代品，来扩大供应范围。

2.增强相互依赖性

企业可以增加对某一家供应商的采购量，增加其在供应商供应量中所占的比重，增强该供应商对采购方的依赖性。这样，该供应商为了维护自己的长期利益，就不会随意哄抬价格。

3.更好地掌握信息

企业要清楚地了解供应商对自己的依赖程度，并对这些信息加以利用。例如，某个企业虽然所需原料只有一家货源，但它发现自己在供应商仅有的三家客户中采购量是最大的，供应商对其依赖性极强，在要求降价时供应商就会做出很大让步。

4.注意业务经营的总成本

当采购方只有一家供应商供货时，供应商可能会利用采购方对自己的依赖而制订较高的价格，但采购方可以说服供应商在其他非价格条件上做出让步。

潜在的节约成本的方式有以下几种。

（1）送货。洽谈合适的送货数量和次数，可以降低仓储和货运成本。

（2）延长保修期。保修期不要从发货日期开始计算，而从首次使用产品时算起。

（3）付款条件。只要放宽付款条件，就会产生节约。

5.让最终客户参与

如果采购方能与最终客户合作并给予他们信息，向其解释只有一家货源的难处，有可能从他们那得到摆脱供应商垄断的机会。

6.协商订立长期合同

企业长期需要某种产品时，可以考虑订立长期合同，并采取措施确定产品的最大需求量以及需求增加的时机，从而保证持续供应和对价格的控制。

7.与其他企业联合采购

与其他具有同样产品需求的企业进行联合采购，由一方代表所有企业进行采购，这样可以增强采购方的力量，瓦解供应商的优势。

采购方可通过采取上述措施，逐渐摆脱尴尬、被动的处境，最大限度地获得利益。

关键点提示

采购方防止被供应商控制的措施有：

1.再找一家供应商；2.增强相互依赖性；3.更好地掌握信息；4.注意业务经营的总成本；5.让最终客户参与；6.协商订立长期合同；7.与其他企业联合采购。

5.10　如何与供应商建立伙伴关系

工作场景描述

当采购方想与供应商建立伙伴关系时，可查看。

解读与分析

伙伴关系是企业与供应商之间可达成的最高层次的合作关系，是在相互信任的基础上，由双方为着共同的、明确的目标而建立的一种长期合作关系。

采购方在与供应商建立伙伴关系时，需做好如下工作。

1.确定伙伴型供应商的大致范围

采购部门首先要对供应市场进行调研，收集相关供应商信息，并在此基础上对供应商进行评价，确定伙伴型供应商的大致范围。

2.使供应商得到改进

一般来说，采购方与供应商之间的伙伴关系都是由采购方驱动的，因为开展供应商伙伴型关系管理的企业在管理等方面通常都优于供应商，从而有足够的影响力去说服供应商参与到改进活动中来。这些行动计划与目标必须在企业内部达成一致，并要取得供应商的支持与认可。

采购方根据对供应商伙伴关系管理的要求，明确具体的目标及考核指标，制订出达成目标的行动计划，并通过会议、访问等形式，使供应商依据采购方所制订的行动计划进行改进。

3.进行合理化调整

供应商改进后，采购方需对供应商的各个方面（如产品质量、交货速度、新技术开发和成本控制等方面）进行跟踪考核，定期对其进度进行检查，及时反馈改进要求，并根据长期的观察，对供应商的数目和类型进行合理安排和调整。

4.建立伙伴关系

企业在进行合理化调整后，与所选符合要求的供应商建立伙伴关系，将其战略发展能力纳入企业的中长期战略计划，为双方的共同发展做出努力。

关键点提示

采购方与供应商建立伙伴关系时，需要采用以下步骤：

1.确定伙伴型供应商的大致范围；2.使供应商得到改进；3.进行合理化调整；4.建立伙伴关系。

5.11 对供应商进行管理时要做好哪几方面工作

工作场景描述

当想知道对供应商进行管理时需做哪些工作时，可查看。

解读与分析

企业要想对供应商进行管理，先要完善内部机制，教育员工把供应商当作伙伴，与供应商进行友好合作，引导供应商为企业服务。企业在对供应商进行管理时，具体需做好以下几方面工作。

1.确立主、次供应商

企业应对供应商产品的质量、供货能力和价格进行分析评价，确定主供应商和次供应商，将在主供应商处的采购量定为总量的70%～80%，其余的放在次供应商处采购。这样，既牵制了主供应商，防止出现断货风险，又可使供应商间保持一定的竞争关系，使采购方获利。

2.积极与供应商沟通

企业应与供应商积极沟通，以书面形式详细地表达出企业对供应商的要求，并与供应商的生产管理和研发人员建立良好的关系，让供应商全面了解采购工作的要求。

在与供应商沟通中，对于一些技术要求、工作语言要统一标准。

3.就近寻找合格的供应商

供应商离企业越近，运输费用越低，机动性越强，协调沟通越方便，采购成本自然也就越低。因此，对供应商进行管理时，距离也很重要。

4.对供应商进行定期考核

很多中小企业在确定供应商之后，往往对供应商放松日常管理，以致供应商渐渐懈怠了对产品的管理。在供应商确定以后，企业应定期对其产品退货率、交货逾期率和问题配合度三个方面进行评价，并设立标准，进行考核。

$$退货率=退货次数（或件、个数）/采购进货次数（或件、个数）\times 100\%$$

$$交货逾期率=期内实际逾期交货额/期内应当完成交货额\times 100\%$$

问题配合度考察的是供应商协助分析、解决问题的精神。

5.培养长期协作能力

面对激烈的市场竞争，企业对产品的改进和研发要求越来越高。企业要善于与供应商合作，与供应商协商改进产品，以培养双方长期协作能力。

6.帮助供应商成长

帮助供应商成长是维持双方良好合作关系的好方法。企业在帮助供应商成长的同时，也促进了企业的发展。如企业可通过派质量管理技术人员完善其检验制度，派熟练的技术工人培训其员工等方法帮助供应商成长。

7.完善内部采购机制

分散企业采购的考核权限，由采购员、检验员、仓库管理人员、财务人员和技术人员共同组成考核小组，对供应商进行考核，并让全体员工参与监督，通过权力制衡和全员监督，达到完善采购机制的目的。

企业通过使用上述管理措施，可以加强双方的协作能力，从而达到促进企业发展，增强企业竞争力的目的。

关键点提示

对供应商进行管理时，企业需做好以下几方面的工作：

1.确立主、次供应商；2.积极与供应商沟通；3.就近寻找合格的供应商；4.对供应商进行定期考核；5.培养长期协作能力；6.帮助供应商成长；7.完善内部采购机制。

第6章

当今流行的采购管理技术

将一些管理技术融入采购中，对企业提高采购、生产效率，节约成本至关重要。MRP采购可以很好地统筹所有物料的需求数量和时间；JIT采购是一种准时化采购模式，可以最大限度地消除浪费，降低库存，实现零库存；供应链采购适用于供应链内部企业之间，这种采购在一种非常友好的合作环境中进行，可以最大限度地实现信息的互通和共享，这为企业之间协调供应和需求提供了极大的便利。综上所述，企业应重视采购管理技术。

6.1 MRP 采购

工作场景描述

当需要了解MRP采购管理技术时，可查看。

1. MRP采购概述

MRP（Material Requirement Planning）是生产企业用来制订物料需求计划、进行生产管理的一种应用软件。它不但可以用来制订企业的物料投产计划，还可以用来制订外购件的采购计划，非常适合在加工、制造、装配企业中使用。企业应用MRP可以迅速制订出较为详细复杂的生产计划和采购计划。因此，许多大型企业都使用MRP。这些使用MRP的企业，一般都能够获得比较好的效果。切实按照其制订的计划去执行，既可以避免产品在装配时出现缺货问题，保障企业生产的正常运行，又可以保证产品库存量刚好可以满足生产计划的需要，不会造成库存积压，也不会造成缺货，还可以节省保管费用、计划工作的人力资源等。

现在我国的经济水平已经大大提高，经济实力大大增强。随着信息业的迅速发展，国内企业早已普及计算机管理。加之我国加入了WTO，迫使国内的企业走进了世界大竞争的战场。这些条件都迫使企业千方百计提高生产水平、经济效益以及竞争力。在这种形势下，企业开展MRP采购，不失为一种有效的途径。

2. MRP的原理

应用MRP的目的之一是进行库存的控制和管理。按需求的类型，库存分成两种：独立需求库存和相关需求库存。

独立需求库存是指将要被消费者消费或使用的制成品的库存，如自行车生产企业的自行车的库存。制成品需求的波动受市场条件的影响，而不受其他库存品的影响。这类库存问题往往建立在对外部需求预测的基础上，可通过库存模型分析，制订相应的库存政策来对库存进行管理，如什么时候订货、订多少、如何对库存品进行分类等。

相关需求库存是指将被用来制造最终产品的材料或零部件的库存。如自行车生产企业为了生产自行车，要把很多种原材料或零部件的库存维持在可供生产的数量范围内，如车把、车梁、车轮、车轴、车条等。这些物料的需求之间具有一定的相关性，例如一辆普通自行车需要两个车轮，如果生产1 000辆自行车，就需要2 000个车轮。这些物料的需求不需要预测，只要通过相互之间的关系进行计算即可。在这里，自行车称为“父项”，车轮称为“子项”（或“组件”）。

MRP的基本原理是，由主生产进度计划（MPS）和主产品的层次结构逐层逐个地求出主产品所有零部件的出产时间、出产数量。这个计划叫作物料需求计划。其中，如果零部件靠企业内部生产，就需要根据各自生产时间的长短来提前安排投产时间，形成零部件投产计划；如果零部件需要从企业外部采购，则要根据各自订货大致需要的时间提前发出订货需求，形成采购计划。按照投产计划进行生产，按照采购计划进行采购，就可以实现所有零部件的出产计划，从而不仅能够保证产品的交货期，还能够降低原材料的库存，减少流动资金的占用。

物料需求计划MRP是根据主生产进度计划（MPS）、主产品的结构文件（BOM）和产品库存文件形成的。

主产品就是企业用以供应市场需求的产成品，例如汽车制造厂生产的汽车、电视机厂生产的电视机都是各自企业的主产品。

主生产进度计划（Master Production Schedule，MPS）主要描述产品及由其结构文件BOM决定的零部件的出产进度，表现为各时间段内的生产量，包括出产时间、出产数量或装配时间、装配数量等。

主产品的结构文件（Bill of Material，BOM，又称物料清单）主要反映主产品的层次结构、所有零部件的结构关系和数量组成。根据这个文件，企业可以确定主产品及其各个零部件的需求数量、需求时间和各个零部件之间的装配关系。

产品库存文件，包括了主产品及其所有零部件的库存量、已订未到量和已分配但还没有提走的数量。制订物料需求计划时有一个指导思想，就是要尽可能减少库存。要优先利用库存物资；仓库中有，而且数量足够的，就不再安排生产和采购；仓库中有，但数量短缺的，只安排短缺的那一部分数量的生产或采购。

物料需求计划产生产品投产计划和产品采购计划，根据产品投产计划和产品采购计划组织物资的生产和采购，生成制造任务单和采购订货单，交由制造部门生产或采购部门采购。

3. 物料清单（BOM）及库存文件

（1）BOM的含义。

将产品予以拆解，将零部件（内容包括编号、名称、规格、基本单位、供应厂商、单机用量、产品损耗率等）依制造流程和顺序记录下来，排列为一个清单，就是物料清单（BOM）。

BOM是最原始的依据，也是MRP系统中最重要的数据模块。

（2）BOM的结构和使用。

BOM呈树状结构，有时BOM也称产品结构树。相邻的两个层次之间，上一层相对于下一层为父项，下一层为子项。要明确理解父项和子项之间的数量关系和时间关系。数量关系用于表示一个父项需要占多少个子项；时间关系用于表示子项组合或生产出一个父项需要的工作时间，也就是单位生产提前期。

BOM展开是指根据某一部件或成品的数量和需求日期，按BOM的树形结构和各组父项子项之间的数量和时间关系，从上到下或从下到上把所有相关的原料、零部件、半成品、成品的需求数量和时间推算出来的过程。BOM展开分为顺展方式和逆展方式，一般用得最多的是顺展方式。

（3）库存文件（库存状态文件）。

库存文件是反映各个品种在系统运行前期初库存量的静态资料，但它主要提供并记录MRP运行过程中实际库存量的动态变化过程，这是由于库存量的变化是与系统的需求量、到货量、订货量等各种数据变化相联系的。库存文件是编制采购计划的重要参考依据，它统计的范围不仅包括在库的库存，还包括已订货但未到货的数量，即下面所讲的计划到货量。所以，库存文件实际上提供和记录各种物料的所有参数随时间的变化情况。这些参数有以下几项。

①总需要量：是指主产品及其零部件每一周的需要量。其中，主产品的总需要量与主生产进度计划保持一致，主产品零部件的总需要量则是根据主产品出产进度计划和主产品的结构文件推算得出的。

总需要量中，除了以上生产装配需要的用品以外，还包括一些维护用品，如润滑油、油漆等。对维护用品的需求既可以是相关需求，也可以是独立需求，这些需求也应合起来记录在总需要量中。

②计划到货量：是指已经确定要在指定时间到达的货物数量。它们可以用来满足生产和装配的需求，并且会在给定时间到货入库。这种货物一般是以临时订货、计划外到货或者物资调剂等方式得到的货物，不包括根据该次MRP运行结果产生的生产任务单生产出来的产品或根据采购订货单采购回来的外购品。这些产品的数量由“计划接受订货量”来记录。

③库存量：是指每周库存物资的数量。由于在一周中，随着到货和物资供应的进行，库存量是变化的，周初库存量和周末库存量不同，因此，这里记录的库存量是周末库存量。它表示为：

库存量-本周周初库存量+本周到货量=本周需求量

上周周末库存量+本周计划到货量=本周需求量

另外，在开始运行MRP以前，仓库中可能还有库存量，叫作期初库存量。MRP运行是在期初库存量的基础上进行的，所以作为系统运行的重要参数，各个品种的期初库存量必须作为系统的初始输入，被输入到系统之中。

库存量是满足各周需求量的物资数量。为了防止意外情况造成的延误，企业需为某些关键物资设立安全库存量，以减少因紧急情况而造成的缺货。库存量中应包含安全库存量。

（4）MRP的输出。

MRP的输出，也就是按MRP方法运算后得出的数据，包括主产品及其零部件在各周的净需求量、计划接受订货量和计划发出订货量三个数据。

①净需求量。

净需求量是指系统需要外界在给定的时间提供的给定物料的数量。

这是物资资源配置最需要回答的问题，即生产系统需要什么物资、需要多少、什么时候需要。净需求量文件很好地回答了这些问题。不是所有零部件每一周都有净需求量，只有发生缺货的那周才有净需求量，也就是说，某个品种某个时期的净需求量就是这个品种在这一时期的缺货量。所谓缺货，就是上一周的期末库存量加上本周计划到货量小于本周的总需求量。净需求量的计算方法是：

本周净需求量=本周总需求量-本周计划到货量-本周周初库存量

=本周总需求量-本周计划到货量-上周周末库存量

MRP在实际运行中，不是所有的负库存量都有净需求量。净需求量可以通过下面的方法简单地确定，在“现有库存量”一栏中出现负库存量的第一周，其净需求量就等于其负库存量的绝对值；在其后连续出现的负库存量各周中，各周的净需求量等于本周的负库存量减去前一周负库存量的差的绝对值。

②计划接收订货量。

计划接收订货量是指为满足净需求量的要求，计划从外界接收订货的数量和时间。这个参数告诉人们，为了保证某种物资在某个时间的净需求量得到满足，所提供的供应物资最迟应当在什么时候到达、到达多少。计划接收订货量除了用于记录满足净需求量的数量和时间之外，还为它后面的参数“计划发出订货量”服务，是“计划发出订货量”的参照点（两者数量完全相同，时间上相差一个提前期）。计划接收订货量与净需求量完全相同。

计划接收订货量=净需求量

③计划发出订货量。

计划发出订货量是指发出采购订货单进行采购或发出生产任务单进行生产的数量和时间。计划发出订货量等于计划接收订货量，也等于同周净需求量。确定计划发出订货的时间时，需要考虑生产或订货提前期，即为了保证计划接收订货量或者净需求量在需要的时刻及时得到供应，而提前一个提前期所得到的时间，即：

计划发出订货时间=计划接收订货时间-生产（或采购）提前期

=净需求量时间-生产（或采购）提前期

4. MRP采购的特点

（1）需求的相关性。

MRP采购是针对具有相关性需求物资的采购方法，不但需求本身之间相关，需求和资源、需求的品种数量、需求时间也相关。

（2）需求的确定性。

MRP采购计划是根据主生产进度计划、主产品的结构文件、库存文件和各种零部件的生产时间或订货进货时间精确确定下来的，其需要的时间、数量都是确切规定好了的，不能改变。

（3）计划的精细性。

MRP采购计划有充分根据，从主产品到零部件，从需求数量到需求时间，从出产先后到装配关系，都做了明确的规定，无一遗漏或偏差。不折不扣地按照这个计划进行，就能够保证主生产进度计划的如期实现。

（4）计算的复杂性。

MRP采购计划要根据主生产进度计划、主产品结构文件、库存文件、生产时间、采购时间把主产品的所有零部件的需要数量、需要时间、先后关系等准确确定下来。其计算量是非常庞大的，特别是当主产品复杂、零部件数量特别多时。借助计算机，才使得这项工作有了可以进行的可能性。

MRP采购的优越性是很明显的，由于进行了精确的计划和计算，所有需要采购的物资都能够按时按量到达需要它的地方，一般不会产生超量的原材料库存。事实上，对于采购品，从经济订货批量角度考虑，没有必要执着追求零库存，这样可以大大节约订货费用和各种手续费用，从而降低生产成本。对使用MRP企业的调查显示，这些企业库存水平降低了20%～40%，与此同时，零部件缺货发生概率降低了约80%，而且改进了对用户的服务。这就很好地解决了库存量与服务水平这两者之间的矛盾，改变了以往那种二者不可兼得的局面。

应用MRP采购，企业除了能经济有效地采购企业所需的物料外，还有利于提高管理水平。因为实行MRP采购的企业必然采用了MRP技术信息管理系统，而MRP技术信息管理系统需要输入的信息多、操作规范、时间观念强，这些都要求企业加强系统化、信息化、规范化管理，提高企业管理水平。也正因为如此，实行MRP采购，不但提高了企业采购管理效率，而且对企业的工作要求更为精细。

5. MRP采购的实施

一般的采购活动有以下几个步骤：资源调查、供应商选择、询价及洽商、生成请购单、下达采购单、采购单跟踪、验收入库、结算。

实施MRP采购时，除了上述步骤外，还必须有一定的基础条件，最为重要的基础条件有两个：一是企业采用MRP技术信息管理系统，二是企业进行了良好的供应商管理。

如果企业没有采用MRP技术信息管理系统，就谈不上进行MRP采购；不运行MRP技术系信息管理系统，物料的需求就不可能由相关需求转换成独立需求。没有MRP技术信息管理系统生成的计划订货量，MRP采购就失去了依据，如果手工计算，那计算量可想而知，复杂产品的物料相关需求靠手工计算根本是不可能得到的。因此，可以说MRP技术信息管理系统与MRP采购是相辅相成的。如果企业采用了MRP技术信息管理系统，则必然要对需要购买的物料实行MRP采购管理，这样才能使MRP技术信息管理系统得到良好的运行；而企业若实行MRP采购管理，则必然要采用MRP技术信息管理系统，否则MRP采购就失去了基础。

当然，MRP技术信息管理系统有高级的，也有初级的；有结构复杂、功能强大的，也有结构简单、运算功能单一的；有操作系统安全性能高、运算速度快的，也有在简便的视窗操作系统的自编软件上运行的。有些超大规模企业的一套MRP系统的费用高达几千万美元，而有的小规模企业甚至只让现有的工作人员编写一些简单的软件进行操作，也能达到MRP采购管理效果。在MRP技术信息管理系统的选择上，每个企业都会根据自己的实际需要和规模、能力去选择。简单初级的操作系统并不意味着就不是MRP技术信息管理系统，其判断依据是有无体现和贯彻MRP技术和思想。当然，级别越高的MRP技术信息管理系统，对MRP采购管理的技术支持力度越大。

实施MRP采购管理，必须要以良好的供应商管理为基础。MRP采购对供货的时间要求比较严格，如果没有严格的时间要求，那么MRP采购也就失去了意义；如果没有良好的供应商管理，不能与供应商建立稳定的合作关系，则供货的时间要求很难保证。供应商的选择与管理前面的章节中已有阐述，在这里不再赘述。

除了上面的这些基础条件外，MRP采购管理同一般采购管理还有一点不同，就是物料采购确定或者物料到达后，需要及时更新数据库，这不仅仅包括库存记录，还包括在途和已发订货单的物料数量和计划到货量。这些数据都会被添加到MRP系统中，作为下次运行MRP系统的基础数据。

关键点提示

关于MRP采购，企业需要掌握如下内容：

1.MRP采购概述；2.MRP的原理；3.物料清单及库存文件；4.MRP采购的特点；5.MRP采购的实施。

6.2 JIT 采购

工作场景描述

当想要最大限度地消除浪费、降低库存时，可查看。

JIT采购是一种准时化采购模式。它有最大限度地消除浪费、降低库存，实现零库存的优点，是一种很理想的采购模式。JIT采购不仅可以应用于相关需求类型的生产企业，也适用于独立需求类型的商业企业。准时化采购和准时化生产一样，不但能最大限度地满足用户的需要，还可以最大限度地降低库存、消除浪费。把JIT生产的管理思想运用到采购管理中来，会形成一种成功的采购模式，它的基本思想是：把合适数量、合适质量的物品，在合适的时间，以合适的成本和服务质量，供应到合适的地点，最大限度地满足用户的需要。

要进行准时化生产，必须进行准时化采购。因此，准时化采购是准时化生产管理模式的必然要求。

1．JIT采购的产生

JIT采购，是由准时化生产的管理思想演变而来的。准时化生产方式是起源于日本丰田汽车公司的一种生产方式。它的基本思想是“杜绝浪费”“只在需要的时候，按需要的量，生产所需要的产品”。这种生产方式的核心，是建立一种无库存的生产系统，或是库存量达到最小的生产系统，为此开发了包括“看板”在内的一系列具体方法，并逐渐形成了一套独具特色的生产经营系统。

丰田汽车的零部件管理方式叫作及时化方式，又叫作“看板方式”，是一种把制造一辆汽车所需的两万个零部件数量浓缩为最小极限的构思，即把当前所需装配的必要的量视为一个单位，在盛装这个单位的箱子上面贴以明信片大小的看板，看板上记载何时生产、生产多少、运往何处等作业指示。装配工厂在零部件用尽时，将空箱送往零部件工厂。零部件工厂则根据看板上的指示，生产和装入给定数量的给定品种，在给定的时间内送到给定的位置。丰田汽车采用这种作业方式，使库存下降到平常状态下的五分之一。

丰田汽车的生产工作，不是预测式生产，而是销售公司订货多少就生产多少。以这个为前提，每一道工序按照看板向先行工序依次索取零部件，然后送往后续工序。

最初，JIT只是一种减少库存水平的方法，而今，它已成了一种管理哲学。这种管理哲学的精髓，就在于它的“准时化”“最大限度地杜绝浪费”的思想。现在，越来越多的人把这种管理思想运用到各个领域，形成了各个领域的准时化管理。除了JIT生产之外，又逐渐出现JIT采购、JIT运输、JIT储存以及JIT预测等新的应用领域。实际上，现在的JIT应用已形成了一个庞大的体系。

2. JIT采购的原理

商场每天晚上都会根据今天的销售量来预计明天的销售量，从而向供应商发出订货请求。第二天清早，供应商按指定的品种、数量送货。有的供应商还一天送货两次，按照用户需要的品种和数量，在需要的时候，送到需要的地点，所以基本上每天的送货量刚好满足了商场销售的需要，没有多余，没有库存，也没有浪费。把这种模式运用到生产中去，就产生了准时化生产。

实际上，超级市场模式本来就是一种准时化采购模式，供应商和用户形成了一个供需“节”。在这个供需“节”中，需求方是采购方，供应方是供应商。采购方向供应商发出订货请求，供应商根据需求送货给需求方。

与传统采购不同，准时化采购是一种直接面向需求的采购模式：用户需要什么，就送什么，品种规格符合用户需求；用户需要什么质量，就送什么质量，品种质量符合用户需求，杜绝次品和废品；用户需要多少，就送多少，不少送，也不多送；用户什么时候需要，就什么时候送货，不晚送，也不早送，非常准时；用户需要送到什么地点，就送到什么地点。这几条，既做到了很好地满足用户需求，又使得用户的库存量小，用户不需要设库存，只在货架上（或在生产线边）有一点临时的存放，一天工作结束时，这些临时存放就消失，库存完全为零，从而真正实现了零库存。

依据JIT采购的原理，一个企业的需求只有适时地得到满足，才是最合算的，即只有在需要的时候，把相应品质和数量的产品，提供到相应的地点，才是最节省、最有效的。因此，JIT采购是一种最节省、最有效的采购模式。

传统采购模式为了保证企业生产经营的正常进行和应付物资采购过程中的各种不

确定性（如市场价格变化、物资短缺、运输条件约束等），常常产生大量的原材料和外购件库存。过高的库存不仅增加了库存成本，而且将许多生产上、管理上的矛盾掩盖起来，使问题得不到及时解决，日积月累，小问题就可能成了大问题，严重地影响企业的生产效益。JIT采购可以通过不断减少原材料和外购件的库存来暴露生产过程中隐藏的问题，通过解决深层次的问题来提高生产效率。

JIT采购是一种理想的物资采购方式。它设置了一个最高标准、一个极限目标，即原材料和外购件的库存为零，缺陷为零，同时，为了尽可能地实现这样的目标，JIT采购提供了一种不断改进的有效途径，即：降低原材料和外购件库存，暴露物资采购问题，使企业采取措施解决问题，减少原材料和外购件库存。

在企业物资采购过程中，存在大量的不增加产品产出的活动，如订货、修改订货、装卸、开票、质量检验、点数、入库以及转运等，把大量时间、精力、资金花在这些活动上，是一种浪费。JIT采购模式大大地精简了采购作业流程，消除了这些浪费，极大地提高了工作效率。

进一步地减少并最终消除原材料和外购件库存，不仅取决于企业内部的管理水平，还取决于供应商的管理水平。JIT采购模式不但对企业内部的科学管理提出了严格要求，而且对供应商的管理水平提出了更高、更严格的要求。JIT采购不仅是一种采购模式，也是一种科学的管理模式。JIT采购模式的运作，客观上大大提高了用户和供应商的科学管理水平。

只有当企业需要什么样的物资就能供给什么样的物资，什么时间要就能什么时间供应，需要多少就能供给多少时，企业的原材料和外购件库存才能降到最低水平。从这个意义上讲，JIT采购最能适应市场需求的变化，使企业具有柔性和快速的市场反应速度。

3. JIT采购的作用

企业实施JIT采购具有十分重要的意义。据统计，JIT采购在以下几个方面已经取得了令人满意的成果。

企业实施JIT采购可以大幅度减少原材料和外购件的库存。根据国外的一些实施JIT采购模式企业的测算，JIT采购可以使原材料和外购件库存量减少40%～85%。原材料和外购件库存量降低，有利于减少对流动资金的占用，加快资金周转，同时也有利于节省库存原材料和外购件占用的空间，从而降低库存相关成本。

企业实施JIT采购可以提高采购物资的质量。一般来说，实施JIT采购，可以使购买的原材料和外购件的质量得以提高。而原材料和外购件质量的提高，会导致质量成本的降低。据估计，推行JIT采购可以使质量成本减少26%～63%。原材料和外购件采购成本的降低，和长期订货关系密切，再加上消除了采购过程中的一些浪费（如订货手续费、装卸环节费用、检验费等），采购成本得以进一步降低。

JIT采购，不仅缩短了交货时间，降低了库存，节约了采购过程所需资源（包括人力、资金、设备等），还提高了企业的劳动生产率，增强了企业的适应能力。

4. JIT采购的特点

JIT采购和传统采购有许多不同之处，归结起来，主要表现在如下几个方面（表6-1）。

表6-1　JIT采购与传统采购的比较

项目	JIT采购	传统采购
采购批量	小批量，送货频率高	大批量，送货频率低
供应商选择	长期合作，单源供应	短期合作，多源供应
供应商评价	质量、交货期、价格	质量、价格、交货期
检查工作	逐渐减少，最后消除	收货、点货、质量验收
协商内容	长期合作关系，质量和价格	获得最低价格
运输	准时送货，买方负责安排	较低成本，卖方安排
文书工作	文书工作少，需要的是改变交货时间和质量	文书工作多，改变交货期和质量的采购单多
产品说明	供应商革新、强调性能、宽松要求	买方关心设计、供应商没有创新
包装	小，标准化容器包装	普通包装，无特别说明
信息流	快速、可靠	一般要求

（1）采用较少的供应商，甚至单源供应。

单源供应指的是某一种原材料或外购件只从一个供应商那里采购；或者说，对某一种原材料或外购件的需求，仅由一个供应商满足。JIT采购认为，最理想的供应商的数目是：每一种原材料或外购件只有一个供应商。因此，单源供应是JIT采购的基本特征之一。

传统采购模式一般是多头采购，供应商的数目相对较多。从理论上讲，单源供应比多源供应好，一方面，方便对供应商的管理，而且可以使供应商获得规模效益，从而可使购买的原材料和外购件的价格降低，有利于降低采购成本；另一方面，单源供应可以使企业成为供应商的一个非常重要的客户，加强企业与供应商之间的相互依赖关系，有利于供需之间建立长期稳定的合作关系，进而保证供货质量。在日本，98%的JIT采购企业都采取单源供应模式。但是，采取单源供应模式也有风险，比如供应商有可能因意外原因中断交货；另外，企业不能得到竞争性的采购价格，会对供应商过于依赖等。因此，企业必须与供应商建立长期互利合作的新型伙伴关系。为避免风险，一些企业常采用同一原材料或外购件由两个供应商供货的方法，以一个供应商为主，另一个供应商为辅。

从实际工作中看，许多供货企业也不是很愿意成为单一供应商。原因很简单，一方面，供应商独立性较强，不愿意把自己的成本数据披露给用户；另一方面，供应商不愿意成为采购企业的一个产品库存点。采购企业实施JIT采购，需要减少库存，库存成本原先由采购企业承担，现在转移给了供应商。因此，采购企业必须意识到供应商的这种想法。

（2）采取小批量采购的策略。

小批量采购是JIT采购的一个基本特征。JIT采购和传统采购模式的一个重要不同之处在于，准时生产需要减少生产批量，直至实现“一个流”生产，因此应采用小批量采购策略。从另外一个角度看，由于企业生产对原材料和外购件的需求是不确定的，而JIT采购又旨在消除原材料和外购件库存，为了保证准时、按质按量供应所需的原材料和外购件，采购必然是小批量的。但是，小批量采购必然增加运输次数和运输成本，对于供应商来说，这是很为难的事情，特别是供应商在国外等情形下，会造成实施JIT采购的难度加大。解决这一问题的方法有四种：一是使供应商在地理位置上靠近采购企业，如日本汽车制造商扩展到哪里，其供应商就跟到哪里；二是供应商在采购企业附近建立临时仓库，实质上，这只是将负担转嫁给了供应商，而未从根本上解决问题；三是由一个专门的承包运输商或第三方物流企业负责送货，按照事先达成的协议，搜集分布在不同地方的供应商的小批量物料，准时按量送到采购企业的生产线上；四是让一个供应商负责供应多种原材料和外购件。

（3）选择供应商的标准发生了变化。

由于JIT采购采取单源供应模式，因而采购企业对供应商的合理选择就显得尤其重要。能否选到合格的供应商是JIT采购能否成功实施的关键。

合格的供应商应具有较好的技术、设备条件和较高的管理水平，可以保障采购的原材料和外购件的质量，保证准时按量供货。

在传统的采购模式中，企业通过价格竞争选择供应商，供应商与采购企业的关系是短期的合作关系，当发现供应商不合适时，采购企业可以通过市场竞标的方式重新选择供应商。但在JIT采购模式中，由于供应商和采购企业是长期合作关系，供应商的合作能力将影响企业的长期经济利益，因此对供应商的要求就比较高。在选择供应商时，需要对供应商进行综合的评价，而对供应商的评价必须依据一定的标准。这些标准应包括产品质量、交货期、价格、技术能力、应变能力、批量柔性、交货期与价格的均衡、价格与批量的均衡、地理位置等，而不像传统采购那样主要依靠价格标准。在大多数情况下，其他标准较好的供应商，其价格可能也是较低的，即使不是这样，双方建立起互利合作关系后，企业可以帮助供应商找出减少成本的方法，从而使价格降低。当双方建立了良好的合作关系后，很多工作可以简化，乃至消除，如订货、修改订货、点数统计、品质检验等，从而减少浪费。

（4）对交货准时性的要求更加严格。

JIT采购的一个重要特点是要求交货准时，这是实施准时生产的前提条件。交货准时取决于供应商的生产与运输条件。要使交货准时，供应商可以从以下几个方面着手：一是不断改进生产条件，增强生产的可靠性和稳定性，减少由于生产过程不稳定而导致的延迟交货的现象。作为准时化供应链管理的一部分，供应商同样应该采用准时化的生产管理模式，以增强生产过程的准时性。另一方面，为了增强交货准时性，运输问题不可忽视。在物流管理中，运输问题是一个很重要的问题。特别是全球范围内运输时，运输路程长，而且可能要先后使用不同的运输工具，需要中转运输等，因此，供应商有必要进行有效的运输规划与管理，使运输过程准确无误。

（5）从根本上保障采购质量。

实施JIT采购后，企业的原材料和外购件的库存很少，乃至为零。因此，为了保障企业生产经营的顺利进行，采购物资的质量必须从根源上抓起。也就是说，购买的原材料和外购件的质量，应由供应商负责，而不是企业的物资采购部门。JIT采购就是要把质量责任返给供应商，从根源上保障采购质量。为此，供应商必须参与采购企业的产品设计过程，采购企业也应帮助供应商提高技术能力和管理水平。

现阶段，我国主要是由采购企业来负责监督购买物资的质量，验收部门负责购买物资的接收、确认、点数统计，并将不合格的物资退给供应商，因而增加了采购成本。实施JIT采购后，从根本上保证了采购质量，购买的原材料和外购件能够实行免检，直接由供应商送货到生产线，从而大大减少了购货环节，降低了采购成本。

（6）信息交流需求加强。

JIT采购要求供应与需求双方信息高度共享，保证供应与需求信息的准确性和实时性。由于双方之间具有战略合作关系，生产计划、库存、质量等各方面的信息双方可以及时进行交流，以便出现问题时能够及时处理。只有供需双方进行可靠而快速的双向信息交流，才能保证所需的原材料和外购件准时按量供应。同时，充分的信息交换可以增强供应商的应变能力。因此，实施JIT采购就要求供应商和采购企业之间进行有效的信息交换。信息交换的内容包括生产作业计划、产品设计、工程数据、质量、成本、交货期等。信息交换的手段包括电话、信函等。现代信息技术的发展为有效的信息交换提供了强有力的支持（如EDI、E-Mail等）。

（7）可靠的送货实力和特定的包装要求。

由于JIT采购消除了原材料和外购件的缓冲库存，供应商交货的失误和送货的延误极有可能导致采购企业出现生产线停工待料的情况。因此，可靠的送货实力是实施JIT采购的前提条件。而送货的可靠性常取决于供应商的生产能力和运输条件，一些不可预料的因素，如恶劣的气候条件、交通堵塞、运输工具故障等，都可能引起送货迟延。当然，最理想的情况是直接将货送到生产线上。

JIT采购对原材料和外购件的包装也提出了特定的要求。良好的包装不仅可以减少装货、卸货对人力的需求，还可以使原材料和外购件的运输和接收更为便利。最理想的情况是，每一种原材料和外购件都采用标准规格且可重复使用的包装，这样，既可提高运输效率，又能保证交货的准确性。

5. 看板技术

所谓看板，就是一张信息卡片，又称要货指令。在看板上记录着商品编号、名称、供应商和需求点（取货地和送货地）、生产或要货数量、该看板的周转张数等，以此为取货、运输、生产的凭证和信息指令。需求方向供应方发出看板，就是向供应商发出在什么时间，将什么数量、什么规格的货物，从什么地方送到什么地方的指令。看板可以用不同的材料制成，如纸、塑料、金属等。看板既可以挂在看板牌上，也可以放在看板袋里。

随着计算机与通信技术的发展，传统的看板已大多被现代化媒介所替代，使得看板采购更为迅速和准确。

看板技术是一种既简单、方便又实用的JIT操作技术。在看板采购中，每次订货和供应都是对现实消耗的补充。它体现了准时化采购的基本原则。

关键点提示

关于JIT采购，需要了解：

1.JIT采购的产生；2.JIT采购的原理；3.JIT采购的作用；4.JIT采购的特点。

6.3　供应链采购

工作场景描述

当供应链内部企业之间需要协调供应和需求时，可查看。

1. 供应链采购的原理和特点

供应链采购是指供应链内部企业之间的采购。供应链内部的需求企业向供应商采购订货，供应商将货物供应给需求企业。

供应链采购与传统采购相比，物资供需关系没变，采购的概念没变，但是，由于供应链内部各个企业之间是一种战略伙伴关系，采购是在一种非常友好的合作环境中进行的，因此，采购的观念和操作都发生了很大变化（表6-2）。

表6-2　供应链采购与传统采购的比较

项目	供应链采购	传统采购
基本性质	基于需求的采购	基于库存的采购
采购操作方式	供应方主动型、需求方无采购	需求方主动型、需求方全采购
采购类型	合作型采购	对抗型采购
采购环境	友好合作环境	对抗竞争环境
信息管理	信息连通、信息共享	信息不通、信息保密
库存关系	供应商掌握库存，需求方可以不设仓库、零库存	需求方掌握库存，需求方设立仓库、高库存
送货方式	小批量、多频次连续补充	大批量、少频次进货
双方关系	供需双方关系友好，责任共担，利益共享，协调配合	供需双方关系敌对，责任自负，利益独享，互斥性竞争
货检工作	免检	严格检查

从表中可以看出，供应链采购有以下特点。

（1）从基本性质看。

供应链采购是一种基于需求的采购：需要多少就采购多少，什么时候需要就什么时候采购。采购回来的货物直接送需求点。供应链采购在这一点上与JIT采购相同，而与传统采购迥然不同。传统采购是基于库存的采购，采购回来的货物直接进入库存，等待消费。

（2）从采购操作方式角度看。

供应链采购是一种供应方主动型采购。

由于供应链中的需求方会随时将需求信息传送给供应方，所以供应方能够随时掌握需求方的需求信息，并根据需求状况、变化趋势，及时调整生产计划、补充货物，主动跟踪需求方的需求，适时适量地满足需求方需要。由于供需双方是友好合作的利益共同体关系，如果需求方的产品质量不好、销售不出去，供应方自己也会遭受损失，所以，供应方会主动关心产品质量，自觉把好质量关，以保证需求方的产品质量。因此，需求方完全可以不用操心采购的事情，只要到时候支付货款就行了。显然，对需求方来说，这是一种无采购操作的采购方式。

传统采购则必须靠需求方主动承担全部采购任务，因为供应方不知道需求方的需求信息、需求方也不知道供应方的信息，所以需求方必须自己主动去采购。这就需要需求方花费很多时间去调查供应方，然后选择供应方，和供应方洽谈、签订合同，联系进货，还要费时费力地进行严格的货检。对于需求方来说，这是一种全采购操作的采购方式，而供应方完全处于一种被动状态。

（3）从采购类型角度看。

供应链采购是合作型采购，供需双方为了使产品能在市场上占有一席之地、获得更大的经济效益，分别从不同的角度互相配合、各尽其力，在采购上也是互相协调、配合。这样企业可以提高采购工作的效率，降低采购成本，最大限度地保证供应。

传统采购是对抗型采购。双方是一种对抗型竞争关系，互相保密，只顾自己获取利益，甚至互相算计对方，因此，贸易谈判、货物检验等都非常吃力。双方之间不是互相配合，而是互相不负责任，甚至互相坑害。供应方常常以次充好、低价高卖，赚一笔是一笔，所以需求方必须时时小心、处处小心，有时还是防不胜防，因而，花在采购上的成本很高。

（4）从采购环境角度看。

供应链采购是一种友好合作环境，而传统采购是一种利益互斥、对抗竞争环境，这是两种采购模式的根本区别。由于采购环境不同，观念、操作方式不同，才形成了各自的优点和缺点。供应链采购的根本特征就是友好合作的供应链采购环境。这是它的根本特点，也是它最大的优点。

（5）从信息管理角度看。

供应链采购的一个重要特点就是供应链企业之间实现了信息连通、信息共享。供应方能随时掌握需求方的需求信息和需求变化情况，并以此为根据，主动调整自己的生产计划和送货计划。供应链中的各个企业可以通过计算机网络进行信息沟通，开展业务活动。这样足不出户，就可以很方便地利用计算机网络协调处理相互之间的业务，例如发订货单、发发货单、支付货款等。当然，信息连通、信息共享，首先要求每个企业内部的业务数据要信息化、电子化，也就是要用计算机处理和存储各种业务数据，没有企业内部的信息网络，也就不可能实现企业之间的数据传递和数据共享。因此，供应链采购的基础就是实现企业的信息化、企业间的信息共享，也就是要建立企业内部网络、企业外部网络，并且和互联网连通，同时还要建立起企业管理信息系统。

（6）从库存关系角度看。

供应链采购需要由供应方管理需求方的库存。需求方没有库存，即零库存。这意味着，需求方无须设库存，无须关心库存，这样做，有很多好处。第一，需求方零库存，可以大大节省费用，降低成本，专心致志地搞好工作，发挥核心竞争力，提高效率，进而提高企业的经济效益和供应链的整体效益。第二，供应方掌握库存自主权，可以根据需求变动情况，适时地调整生产计划和送货计划，这样，既能避免盲目生产造成的浪费，也可以避免库存积压、库存过高所造成的成本增加以及其他风险。同时，由于这种机制把供应方的责任（产品质量好坏）与利益（销售利润的多少）联系起来了，因此，加强了供应方的责任心，供应方会自觉提高服务水平，重视需求方满意度。因此，供需双方都获得了效益。而传统的采购由于需求方设置仓库、管理库存，一方面，很容易造成库存过高，另一方面，又可能造成库存太少甚至缺货，不能保证供应，同时还会造成需求方精力分散、运转效率低，服务水平和经济效益都会受到严重影响。

（7）从送货方式角度看。

供应链采购是由供应方负责送货，而且是连续小批量、多频次地送货。这种送货机制可以大大降低库存，实现零库存，因为它的目的是直接满足需要，需要多少就送多少，什么时候需要就什么时候送，不多送，也不早送。这样既可以降低需求方库存费用，同时又能满足需求方生产需要，保证其不缺货。供应方可以根据需求的变化，随时调整生产计划，因此能够灵活适应市场变化，避免库存风险。传统采购是大批量、少频次地订货进货，所以库存量大、费用高、风险大。

（8）从双方关系角度看。

供应链采购活动中，需求方和供应方是一种友好合作的战略伙伴关系，双方互相协调、互相配合、互相支持，所以有利于各个方面工作的顺利开展，提高工作效率，实现双赢。而传统采购中，需求方与供应方是一种对抗性的买卖关系，一个赢，另一个必然输，所以互相防备，互相封锁，互相不信任、不配合，甚至互相坑害，所以办什么事都很难，工作效率低。

（9）从货检工作角度看。

传统采购中，双方是一种对抗关系，因此，货物常常以次充好、低价高卖，甚至伪劣假冒、缺斤少两，所以需求方进行货检的工作量大，成本高。而供应链采购中，由于供应方的责任与利润相关联，所以会自我约束，保证质量，做到免检。这样就大大节约了需求方费用，降低了成本，保证了质量。

从以上的比较中可以看出，供应链采购与传统采购，无论在观念上还是做法上都有很大区别。供应链采购具有显著的优越性。

2. 供应链采购决策

协调产品在供应链上各个实体机构之间的流动是供应链管理的一项重要内容。人们需要考虑的问题往往包括：决定要运输产品的数量、何时运输、如何运输以及从哪里获得产品等。虽然这些计划决策发生在供应链中，但良好的管理要求其与企业内部的经营活动，尤其是生产运作活动进行充分协调。

除此之外，采购也被视为生产计划过程中的一个必要环节。尽管采购主要是一项购买活动，但是许多采购决策都直接影响着物流渠道中产品的流动。

（1）供应链协调。

供应链中，运作、营销、采购和所有其他活动之间的充分协调是极其重要的。这些经营活动之间的相互关联常常使得针对单独一项活动进行优化的努力对其他一项或几项活动造成不良影响，忽视这种悖反现象就会给企业的运作带来负面影响。

以某企业为例，企业采购政策与生产计划的规定相互影响，致使企业的运输部门经理认为运力不足是造成供应调度不利的唯一原因。在对生产计划、采购和运输中的各个因素进行综合考虑、适当权衡后，该企业的物流供应水平得到了提高。现在，让我们更详细地考察一下各部门活动之间协调不善对供应渠道中各项活动造成的不良影响。

A企业是一家玻璃器皿制造厂，面向国内市场生产、销售系列餐具。对其产品的需求在一年中通常是稳定的，只有在每年的相关行业旺季时才会出现轻微的季节性波动。制造餐具的主要原料包括沙子（75%）、石灰石（15%）和纯碱（10%）。其中，沙子是在当地购买的，石灰石来自周边地区，而纯碱要在甘肃省的采矿厂才能买到。根据年度采购合同，按照生产进度安排，这些原材料要以铁路运输的方式运到企业指定地点。供应商知道企业每年采购原料的数量，但是发运时间由该企业来决定。

生产调度员对供应商下达物料发运指令后，供应商会立即发运，但是也会碰到由于铁路运力原因导致时间延后的情况。如果时间延期过长，就会影响生产进度，这时不得不调动运输成本更高的陆运卡车来运输材料。通常，原材料在投入生产前先储存在筒仓中，筒仓的平均仓容为3到6天的生产需要量。由于筒仓的容量相对较小，一旦原材料供应不上，关闭玻璃熔炉就会产生高昂的成本，因此，陆运卡车运输成为应急的运输方案，以避免生产过程中出现延迟。

但是，在相当长一段时间内，该企业的原材料供应经常出现起用陆运运输应急方案的情况，导致运输成本高昂。于是，该企业对整个供应链进行了梳理，经过调查发现，工厂生产调度员在工作计划中为了突出工作效率，只给原材料运输5天的时间预留。事实上，5天时间是正常铁路货运时间的最低限度，一旦发生铁路货运延期等突发状况，就会严重影响工厂生产进度。该企业经过对供应链的整体协调，对工厂原材料需求量实行实时监控，设置了原材料安全生产预警机制，并将运输时间增加到8天。这样，就将原材料供应、原材料保质期与生产进度三要素做了最科学的时间安排，企业的运输成本也降到了最低。

由A企业的经历，我们得出的经验教训是，对生产调度进行安排不会增加额外的、不必要的运输成本。这时，企业要站在供应链建设的角度看问题和解决问题，以此来充分协调各项影响实物供应的活动。

（2）供应计划。

适时管理、快速反应和压缩时间等理念的普及已经将计划提升为供应链管理中的重要活动。在供应链中，企业要满足的需求以生产需求（在服务业中则是运作需求）为代表。物料管理人员一般通过两种方法满足需求：第一种方法是按需求计划满足生产需求，这是处理计划安排的一种常用方法；第二种方法是以库存来满足生产需求，利用补货规则来维持库存水平。满足需求的方法决定了物料在供应渠道中流动的具体时间与数量，许多企业同时使用上述两种方法。

B企业是一家动力设备企业，主要生产一系列用于地面清洁机和抛光机的小型发动机，产品作为零部件卖给其他生产最终产品的企业。鉴于此，这些发动机都是根据需求方的要求特别定做的。需求方通常在实际需求前几个月就下达了确认的订单，以确保其生产计划的顺利进行。

在此条件下，B企业要为未来3个月制订生产计划（或称主生产计划）。生产调度员根据生产计划以及各发动机订单的原料清单可以获知各个零部件的需求量和需求时间。

同时，生产调度员还要检查可供应需求的现有库存。正常情况下，每3 300个零部件中大约有3 000个可以直接从库存中获得，其余的300个则是高价值的关键部件，例如发动机传动轴，依每个订单的不同要求而定。最终企业会针对这些零部件列出一份缺货清单交给供应商，并根据实际收到的合格货物将之从清单上划去。

B企业对其他库存短缺的物料也采用同样的处理办法。

考虑到采购的提前期，生产调度员通常提前向采购部门下达采购单，这样物料就能在生产所需之时被及时送达。

在所有的原材料、零部件与辅助材料备齐后，生产调度员将需求方订单交给生产部门，开始生产和装配。随着库存不断被消耗，管理人员还要根据最低最高库存控制法补充存货。

关键点提示

供应链内部企业进行采购时，需了解：

1.供应链采购的原理和特点；2.供应链协调和供应计划的制订。